참된 복을 좇는 자

팔복

참된 복을 좇는 자

이재록 목사

우림

무릇 여호와를 의지하며 여호와를 의뢰하는
그 사람은 복을 받을 것이라

렘 17:7

펴내는 글

로마에 있는 우르반대학교 대강당에 다음과 같은 글이 새겨져 있다고 합니다. 한 대학생이 재정적인 어려움으로 부자 노인을 찾아가 도움을 청했습니다. 노인은 학생에게 그 돈을 어디에 쓰려고 하는지 물었습니다. 이때 학생은 학업을 마치기 위해서라고 대답합니다.

"그리고 그 다음에는?"
"돈을 벌어야겠지요."
"그리고 그 다음에는?"
"결혼을 해야지요."
"그리고 그 다음에는?"
"점점 늙어지겠지요."

"그리고 그 다음에는?"

"결국 죽게 되겠지요."

"그리고 그 다음에는?"

"......"

이 이야기는 우리들에게 많은 교훈을 안겨 줍니다. 영원히 소유할 수 있는 참된 복을 좇는 사람이라면 부자 노인의 마지막 질문에 "천국에 가야죠."라고 답변했을 것입니다.

일반적으로 사람들은 물질이 풍족하고 건강하며 명예, 권세가 있고 가정이 화평한 것을 복(福)이라 여기며 추구합니다. 그러나 주변을 살펴보면 이 같은 복을 모두 누리는 사람은 흔치 않다는 사실을 발견하게 됩니다. 어느 가정은 부유하다 해도 가족간의 불화나 고부간의 갈등으로 고통을 당하기도 하고 건강하던 사람이 불의의 사고나 질병으로 목숨을 잃는 경우도 얼마든지 있습니다.

1912년 4월, 호화 유람선을 타고 한가로이 여행하던 1,500여 명의 사람들이 한꺼번에 목숨을 잃는 초대형 사고가 있었습니다. 승객 2,200여 명을 태운 '타이타닉호'가 처녀항해 중 빙산에 부딪혀 바다로 침몰하고 말았던 것입니다. 당시 세계 최대 호화 유람선으로 결코 침몰하지 않으리라 여겨졌지만 항해를 시작한 지 불과 며칠 후의 일을 알 수 없었습니다.

이렇게 아무도 내일 일을 장담할 수 없으며 혹 한평생 부와 명예, 권세를 다 누렸다 해도 사후에 지옥불에서 영원토록 고통당한다면 어찌 복 있는 사람이라 할 수 있겠습니까. 그러므로 진정한 복은 구원받아 천국에 이르는 것이요, 이것이 참된 복입니다.

약 2천 년 전, 예수님께서는 "회개하라 천국이 가까웠느니라"는 말씀으로 공생애의 시작을 알리셨습니다. 그리고 처음으로 전파하신 말씀이 바로 천국에 이를 수 있는 팔복의 말씀입니다. 예수님께서는 잠시잠깐이면 없어질 안개와 같은 인생들에게 영원한 복, 곧 천국에 이를 수 있는 참된 복에 대해 일깨워 주셨습니다.

마태복음 5장에 나오는 팔복의 말씀은 고린도전서 13장에 나오는 〈영적인 사랑〉, 갈라디아서 5장에 나오는 〈성령의 열매〉와 함께 영의 사람이 될 수 있는 길을 제시합니다. 그래서 자신의 신앙을 점검할 수 있는 귀중한 지표가 되며 성결을 이루고 하나님의 보좌가 있는 가장 영광스러운 천국의 처소인 새 예루살렘에 들어가는 데 매우 핵심적인 내용입니다.

이러한 팔복의 말씀을 이루면 부와 건강, 명예와 권세, 가정의 화목 등 사람들이 말하는 모든 복을 누릴 뿐만 아니라 참으로 아름답고 영화로운 새 예루살렘에서 영원히 행복한 삶을 영위할 수 있습니다. 하나님께서 주신 복은 결코 없어지지 않으므로 팔복을 이룰 수만 있다면 아무것도 부러울 것이 없게 됩니다.

금번에 많은 사람이 참된 복을 좇는 영의 사람으로 거듭나 하나님께서 예비하신 축복을 영원히 소유할 수 있도록 핸디북을 발간하게 되었습니다. 가볍고 작아 휴대가 편하며 언제 어디서나 쉽게 읽을 수 있습니다. 책자 발간을 위해 수고해 주신 빈금선 편집국장과 우림북 직원들에게 감사드립니다.

2013년 12월

이재록 목사

CONTENTS

심령이 가난한 자는 복이 있나니

심령이 가난한 자는 복이 있나니

천국이 저희 것임이요

| 마태복음 5:3 |

미국의 한 교도소에 수감된 사형수가 신문 한 장을 손에 쥐고 하염없이 눈물을 흘렸습니다. 신문의 머리기사는 '미국 제22대 대통령 클리블랜드 취임'에 관한 내용이었습니다. 이 모습을 지켜보던 간수가 사형수에게 슬피 우는 이유를 묻자, 그는 고개를 떨구며 이유를 말하기 시작했습니다.

"클리블랜드와 나는 대학교 동창입니다. 어느 날 수업을 마치고 나오다가 우리 둘은 교회의 종소리를 들었지요. 그때 클리블랜드는 내게 교회에 가보자고 말했지만 나는 거절했습니다. 결국 그는 교회로, 나는 술집으로 향했지요. 그것이 우리의 운명을 확연하게 갈라놓았습니다."

순간의 선택이 인생을 좌우했던 것입니다. 이는 이 땅의 삶에 국한된 이야기만은 아닙니다. 자신의 선택에 의해 영원한 삶이 달라질 수 있기 때문입니다.

천국 잔치에 초청받은 사람들

누가복음 14장을 보면 어떤 사람이 큰 잔치를 배설하고 많은 사람을 초청하였습니다. 잔치할 시간에 초청한 사람들을 모셔 오기 위해 종들을 보냈는데, 하나같이 홀로 돌아오는 것이었지요. 사연을 들어보니 초청받은 사람들이 이런저런 이유로 마음이 분주하고 바빠서 올 수가 없다는 것입니다.

"초청해 주신 것은 감사하지만, 제가 밭을 사서 불가불 나가 보아야 하겠으니 용서해 주십시오."

"저는 소 다섯 겨리를 사서 시험하러 가야 합니다. 정말 죄송합니다."

"어쩌죠…. 나는 장가들었으니 가지 못하겠군요."

잔치를 베푼 주인은 다시 종들을 불러 마을로 보내며 빨리 시내의 거리와 골목으로 나가서 가난한 사람들과 소경들과 저는 사람들을 데려오게 했습니다. 이는 예수님께서 천국 잔치에 초청받은 사람들을 비유하여 말씀하신 것입니다.

오늘날도 마음이 부요한 사람들은 복음을 들어도 여러 가지 이유로 사양합니다. 반면 심령이 가난한 사람은 쉽게 받아들이는 것을 볼 수 있습니다. 그래서 참된 복의 첫 번째 관문이 바로 심령이 가난한 자가 되는 것입니다.

심령이 가난한 자

심령(心靈)이 가난하다는 것은 마음이 가난하여 자존심이나 교만, 이기심, 욕심 등 악이 없는 것을 말합니다. 심령이 가난한 사람은 복음을 쉽게 받아들일 뿐 아니라 예수 그리스도를 영접한 후에도 영적인 것을 사모하니 하나님의 능력 가운데 쉽게 변화될 수 있습니다.

간혹 "저희 남편은 정말 착한데 아무리 복음을 전해도 믿으려고 하지 않아요."라고 하소연하는 분들이 있습니다. 사람들은 겉으로 드러내어 악을 행치 않으면 '착하다' 인정하지만 아무리 착해 보여도 마음이 부요하여 복음을 받아들이지 못한다면 어찌 '착하다' 할 수 있겠습니까.

마태복음 19장을 보면 한 청년이 예수님을 찾아와 "내가 무슨 선한 일을 하여야 영생을 얻으리이까" 하고 묻습니다. 예수님께서는 하나님의 계명을 지킬 것과 더불어 "네 소유를 팔아 가난한 자들을 주라 … 그리고 와서 나를 좇으라"고 말씀하셨지요.

평소 하나님을 사랑하고 계명을 잘 지킨다고 자부하였던 청년은 근심에 싸여 돌아갑니다. 그에게는 재산이 많았고, 영생을 얻는 것보다 재물이 더 소중했기 때문입니다. 이 모습을 보신 예수님께서는 "약대가 바늘귀로 들어가는 것이 부자가 하나님의 나라에 들어가는 것보다 쉬우니라" 말씀하셨습니다.

여기서 부자란 단순히 재산이 많은 사람을 의미하는 것이 아닙니다. 곧 마음이 부요한 사람이지요. 이런 사람들은 겉으로는 악을 행치 않을지라도 욕심이 가득하여 재물이나 권세, 지식, 자존심, 오락과 향락 등에 만족을 누리며 추구해 나갑니다. 그러니 복음의 필요성을 느끼지 못하고 굳이 하나님을 찾지도 않습니다.

심령이 가난한 자에게 임하는 부요함의 축복

누가복음 16장을 보면 부자는 날마다 호의호식(好衣好食)하며 잔치를 베풀 정도로 풍족한 삶이었기에 마음까지 부요해져서 하나님을 믿어야 할 필요성을 느끼지 못했습니다. 그러나 거지 나사로는 비록 질병으로 고통받으며 부자의 대문 앞에서 구걸하며 살았지만 심령이 가난했기에 하나님을 찾았습니다.

이들의 삶이 끝나고 죽음을 맞은 후에는 어떻게 되었을까요? 나사로는 구원받아 아브라함의 품에서 안식할 수 있었지만, 부자는 아랫음부에 떨어져서 세세토록 고통받게 되었습니다. 불꽃이 어찌나 뜨거운지 고통받던 부자는 "아브라함이여 나를 긍휼히 여기사 나사로를 보내어 그 손가락 끝에 물을 찍어 내 혀를 서늘하게 하소서"라고 간청하였지만 한순간도 고통에서 벗어날 도리가 없었습니다.

과연 어떤 사람이 복 있는 사람이라 할 수 있습니까? 부자와 같이 이 땅에서 많은 재산과 권세를 가지고 호화로이 사는 것이 복된 삶이 아니요 비록 비천하게 살았다 해도 나사로와 같이 하나님을 믿고 천국에 들어가는 삶이야말로 진정 복된 삶입니다. 강건해야 7,80세인 이 땅의 삶과 영원한 삶을 어찌 비교할 수 있겠습니까.

이 비유는 이 땅에서 부자로 사느냐 가난하게 사느냐가 중요한 것이 아니라 하나님을 믿을 수 있는 가난한 심령이 중요하다는 것을 깨우쳐 줍니다.

물론 심령이 가난하여 예수 그리스도를 영접한 사람이 나사로처럼 질병으로 고통받으며 가난하게 살아야 구원받는다는 것은 아닙니다. 오히려 예수님께서 우리의 죄를 대속하시고 친히 가난한 길을 가셨기 때문에 심령이 가난한 자가 되어 하나님의 말씀대로 살아가면 부요함을 누릴 수 있습니다(고후 8:9).

요한삼서 1장 2절에 "사랑하는 자여 네 영혼이 잘됨같이 네가 범사에 잘되고 강건하기를 내가 간구하노라" 말씀하신 것처럼 우리의 영혼이 잘되는 만큼 영육간에 강건함과 물질의 축복, 가정의 화목 등 여러 가지 축복들이 따르게 되는 것입니다.

우리가 이처럼 예수 그리스도를 영접하여 하나님을 만나

고 부요함의 축복을 누리게 되었다고 해도 천국을 온전히 소유하기 위해서는 끝까지 믿음을 지켜 신앙생활을 해야 합니다. 만일 세상을 사랑하여 정욕을 좇아 구원의 길에서 벗어난다면 생명책에서 그 이름이 지워질 수 있기 때문이지요(시 69:28).

이는 마라톤 선수가 선두로 달렸다 해도 마지막 결승지점을 앞두고 정해진 코스를 벗어난다면 금메달은커녕 순위권에도 들 수 없는 것과 같은 이치입니다. 곧 열심히 신앙생활을 하며 달려간다 해도 어느 순간 물질의 유혹과 세상 향락으로 마음이 부유해진다면 결국 열심이 식어지게 되고 하나님을 떠나 천국에 이를 수도 없는 것입니다.

그래서 요한일서 2장 15-16절에 "이 세상이나 세상에 있는 것들을 사랑치 말라 … 이는 세상에 있는 모든 것이 육신의 정욕과 안목의 정욕과 이생의 자랑이니 다 아버지께로 좇아 온 것이 아니요 세상으로 좇아 온 것이라" 말씀하고 있습니다.

육신의 정욕을 버려야

육신의 정욕이란 죄를 범하고자 하는 마음의 속성을 말합니다. 미움, 혈기, 욕심, 음욕, 시기, 교만 등이 마음에 있으면 이러한 소욕을 좇아 보고 듣고 생각하며 행하고 싶어지는데 그것이 바로 육신의 정욕입니다.

예를 들어, 마음에 판단 정죄하는 속성이 있으면 남의 소문을 듣는 것을 좋아합니다. 그 소문의 진위를 알아보지도 않고 다른 사람에게 전하며 수군수군하는 것이 마음에 달게 느껴집니다.

또 마음에 혈기가 있으면 사소한 일에도 분을 내고, 그렇게 해야 후련하고 시원하게 느껴집니다. 분이 나는 것을 참으면 마음이 부글부글 끓어올라 고통스러우니 결국 혈기를 내고 마는 것이지요.

이러한 육신의 정욕을 벗어내기 위해서는 기도해야 합니다. 불같은 기도를 통해 성령의 충만함을 받아 나가면 능히 버릴 수 있습니다. 이와는 반대로 기도를 쉰다거나 성령의 충만함이 떨어지면 원수 마귀 사단으로 하여금 육신의 정욕을 부추길 수 있는 틈을 주게 되므로 결국 죄를 범하게 됩니다.

베드로전서 5장 8절에 "근신하라 깨어라 너희 대적 마귀가 우는 사자같이 두루 다니며 삼킬 자를 찾나니" 말씀하셨으니 기도를 통해 항상 깨어 있어 성령의 충만함을 받아야 합니다. 불같이 기도함으로 죄의 속성들인 육신의 정욕을 벗어 나갈 때 가난한 심령이 될 수 있습니다.

안목의 정욕을 버려야

안목의 정욕이란 눈으로 보고 귀로 듣는 것을 통해 마음이 동요되고 그것을 추구하고자 하는 속성을 말합니다. 어떤 것을 볼 때 느낌과 함께 받아들이면 그 후로 비슷한 장면을 보더라도 이전과 같은 느낌을 받게 되지요. 직접 보지 않고 그에 관한 말을 듣기만 해도 예전의 느낌이 떠오르면서 안목의 정욕이 유발될 수 있습니다.

이런 안목의 정욕을 차단하지 않고 계속 추구해 나가면 결국 육신의 정욕을 불러일으켜 죄를 범하게 됩니다. 하나님께로부터 '내 마음에 합한 사람'이라 인정받았던 다윗도 한때 안목의 정욕으로 인해 범죄하였던 것을 볼 수 있습니다.

다윗이 왕위에 올라 어느 정도 나라의 기반이 닦여지고 안정을 이룰 무렵이었습니다. 어느 날, 왕궁 지붕을 거닐던 다윗은 우연히 우리아의 아내 밧세바가 목욕하는 장면을 보고 그만 정욕을 못이겨 그 여인을 취하여 동침합니다.

당시 그녀의 남편은 나라를 위해 전쟁터에 나간 상태였습니다. 후에 그녀가 임신한 사실을 알게 된 다윗은 자신의 잘못을 은폐하기 위해 우리아를 불러 집에서 쉬도록 권합니다. 그러나 우리아는 전쟁터에 있는 동료들을 생각해 번번이 왕궁 문에서 자고 말았습니다. 결국 일이 뜻대로 되지 않자, 다윗은 우리아를 최전방에 보내어 죽게 만들었지요.

다윗은 누구보다도 하나님을 사랑한다고 생각했습니다. 그럼에도 불구하고 안목의 정욕이 틈타니 다른 사람의 아내와 동침하는 악을 행했을 뿐 아니라 이를 은폐하고자 살인이라는 더 큰 악을 행하게 된 것입니다.

그 후 다윗은 죄에 대한 보응으로 엄청난 연단을 받게 됩니다. 밧세바를 통해 얻은 아이가 죽고, 아들 압살롬의 반역으로 쫓겨다니며, 심지어 백성으로부터 저주하는 말까지 듣게되었지요. 이 일을 통해 다윗은 자신의 마음 안에 있는 악을 깨닫고 하나님 앞에 철저히 회개함으로써 다시금 하나님께 크게 쓰임받는 왕이 될 수 있었습니다.

요즈음 젊은이들 중에는 인터넷이나 영화 등을 통해 불건전한 장면을 보고 즐기는 경우가 있는데 혹여 "이것쯤이야…." 하고 간과해서는 결코 안 됩니다. 이러한 안목의 정욕은 육신의 정욕을 유발시키는 도화선과 같기 때문이지요. 마치 전쟁에서 성 안의 군사들이 성 밖으로부터 지원군이나 군사물품을 계속 공급받으면 싸울 힘을 얻게 되는 것과 마찬가지입니다.

안목의 정욕을 차단하는 것은 자신의 의지로도 얼마든지

가능한 일이므로 무엇보다 진리가 아니면 보지 않고 듣지 않고 생각하지 않는 것이 중요합니다. 더불어 진리를 보고 듣고 생각하여 좋은 느낌으로 입력시켜 나갈 때 안목의 정욕을 철저히 차단할 수 있습니다.

이생의 자랑을 버려야

이생의 자랑은 현실의 모든 향락을 좇아 자기를 드러내기 위해 자랑하는 속성입니다. 이러한 속성이 있으면 부귀영화, 지식, 재능, 외모 등을 열심히 자랑하며 자신을 드러내게 됩니다.

야고보서 4장 16절에 "이제 너희가 허탄한 자랑을 자랑하니 이러한 자랑은 다 악한 것이라" 하셨으니 자신에게 아무런 유익이 되지 않습니다. 그러므로 고린도전서 1장 31절에 "자랑하는 자는 주 안에서 자랑하라" 말씀하신 대로 오직 하나님께 영광돌리기 위해 주 안에서 자랑해야 합니다.

주 안에서의 자랑은 하나님을 만나고 체험한 간증이나 하나님의 은혜와 축복, 천국 등을 자랑하는 것이므로 하나님께 영광을 돌릴 뿐 아니라 듣는 사람들에게 믿음과 소망을 심어 주고 영적인 것을 사모하는 열심을 심어 줍니다.

그런데 주 안에서 자랑한다 하면서도 은근히 인정받고 높임받기를 원하는 사람들이 있는 것을 봅니다. 이러한 경우 주변 사람들에게 덕이 되지 않지요. 그러니 범사에 자신의 언행을 돌아보아 이생의 자랑이 틈타지 않도록 해야 할 것입니다 (롬 15:2).

영적인 어린아이가 되어야

미국의 어느 작은 마을에 비아시라는 아이가 살고 있었습니다. 이 아이는 자기가 다니고 있는 교회의 주일학교 교실이 너무 비좁은 것을 알고 좀 더 큰 교실을 달라고 하나님께 간절히 기도하기 시작했습니다. 그런데 며칠이 지나도 아무런 응답이 없자, 비아시는 매일 하나님께 편지를 쓰게 되었다고 합니다.

그러던 중, 열 살도 안 되는 어린 나이에 비아시는 세상을 떠나고 말았습니다. 유품을 정리하던 어머니는 어린 비아시가 하나님께 쓴 두툼한 편지 묶음을 발견하게 되었습니다. 어머니는 그 편지 묶음을 목사님께 전하였고 크게 감동을 받은 목사님은 설교 시간에 성도들 앞에서 그 내용을 알렸지요.

이 소식이 곳곳에 전해져 새 교회를 건축하고도 남을 만큼 많은 헌금이 들어왔고 결국 비아시의 이름을 기념하여 초등학교와 고등학교를 세우고 나중에는 대학교까지 세웠다고 합니다. 무엇이든지 구하는 대로 주신다고 약속하신 하나님의 말씀을 믿었던 한 어린아이의 순수한 믿음의 결과이지요.

마태복음 18장을 보면 "천국에서는 누가 크니이까?"라는 제자들의 질문에 예수님께서 "너희가 돌이켜 어린아이들과 같이 되지 아니하면 결단코 천국에 들어가지 못하리라" 답변하셨습니다. 하나님 앞에서는 나이를 불문하고 어린아이와 같은 마음이 되어야 한다는 것입니다.

어린아이는 단순하고 순수하여 가르쳐 주는 대로 받아들이는 것처럼 하나님의 말씀을 듣고 배우는 대로 믿고 순종해야 천국에 들어갈 수 있습니다.

가령, '쉬지 말고 기도하라' 하면 어떤 핑계를 대지 않고 기도합니다. '항상 기뻐하라' 하면 '슬픈 일이 많은데 어떻게 항상 기뻐하는가?' 하지 않고 힘들 때에도 기뻐하기를 힘쓰지요. '미워하지 말라' 하면 어떤 이유도 대지 않고 원수까지 사랑하려고 노력합니다.

이처럼 영적인 어린아이의 마음이 되면 잘못한 일에 대해 금세 뉘우치고 회개하며 오직 하나님의 말씀대로 살아가고자 힘쓰고 애쓰는 것을 볼 수 있습니다.

그러나 세상에 물들어 순수함이 사라지면 죄를 범하면서도 무감각해지고 상대를 판단 정죄하고 시기 질투하며 상대의 허물을 전하고, 크고 작은 거짓말을 하면서도 자신이 악을 행하고 있다는 사실조차 깨닫지 못하는 경우가 많습니다.

상대를 무시하고 섬김받으려 하며 자기 유익에 맞지 않으면 받은 바 은혜를 저버리면서도 죄책감을 갖지 않습니다. 자기 유익을 구하는 마음이 크기 때문에 결국 자기 유익에 맞춰 행하게 되지요.

하지만 진리 안에 들어와서 영적인 어린아이가 되면 선악 간에 민감하게 반응합니다. 선한 것을 보면 쉽게 감동받아 눈물을 흘리며, 악한 것은 몸서리치도록 싫어하게 되는 것입니다. 세상 사람들은 악이라고 생각하지 않는 것도 하나님께서 악이라 하시면 마음에서부터 싫어하게 되고 어찌하든 범죄하지 않으려고 애를 씁니다.

또한 어린아이는 교만하지 않기 때문에 자기의 생각을 내세우지 않고 가르쳐 주는 대로 받아들이는 것처럼 영적인 어린아이는 자존심을 내세우지 않으며 높아지려고 하지 않습니다. 예수님 당시의 서기관이나 바리새인들처럼 진리를 안다 하여 상대를 함부로 판단 정죄하지도 않으며, 오직 주님처럼 겸손하고 온유하게 행하는 것이지요.

그래서 영적인 어린아이는 하나님의 말씀을 들을 때에도 자신이 옳다고 주장하지 않으며, 자신의 지식과 맞지 않거나 이해되지 않는 말씀이 있다 해도 판단하거나 오해하는 것이 아니라 일단 믿고 순종하게 됩니다. 하나님의 역사를 들을 때 자존심을 내세우지 않으며 자신도 체험하기를 사모합니다.

이와 같이 우리도 영적인 어린아이가 되면 하나님의 말씀을 그대로 믿고 순종할 수 있습니다. 말씀에 비추어 미세한 죄악이라도 발견되면 변화되기 위해 노력해 나가는 것입니다.

그런데 오랜 세월 신앙생활을 하다보면 하나님의 말씀을 지식적으로 쌓아감으로 마음이 어른이 되어가는 경우도 있습니다. 처음 은혜받았을 때는 죄가 발견되면 통회자복하고 금식하며 죄를 버려 나갔는데 이제는 무덤덤해지는 것이지요. 말씀을 들을 때에도 '이 말씀은 이미 아는 말씀인데' 하거나 자신의 생각과 지식에 비추어 유익에 맞는 것만 순종하며, 말씀으로 상대를 판단하고 정죄하는 것입니다.

따라서 가난한 심령이 되기 위해서는 항상 겸손한 마음으로 말씀을 통해 마음 속에 있는 악을 발견하고, 불같은 기도를 통해 죄악을 벗어 버림으로 영적인 어린아이가 되어야 합니다. 그럴 때 하나님께서 예비하신 축복을 온전히 누릴 수 있습니다.

영원한 천국을 소유하는 축복

그러면 심령이 가난한 사람은 구체적으로 어떠한 축복을 받는 것일까요? 마태복음 5장 3절에 "심령이 가난한 자는 복이 있나니 천국이 저희 것임이요" 말씀하신 대로 이 땅에서의 어떤 부귀영화와도 바꿀 수 없는 참되고 영원한 복, 곧 천국을 소유할 수 있게 됩니다.

천국은 하나님의 자녀들이 거하게 될 처소로서 이 땅과 비교할 수 없는 아름다운 영의 세계입니다. 마치 부모가 태어날 아기를 기다리며 옷과 장난감, 유모차 등 필요한 것들을 준비하듯이 하나님께서도 심령이 가난하여 마음의 문을 열고 복음을 받아들임으로 하나님의 자녀가 된 사람들에게 아름다운 천국을 주시고자 예비하고 계십니다.

예수님께서 "내 아버지 집에 거할 곳이 많도다"(요 14:2) 말씀하신 대로 천국에는 여러 처소가 있어서 얼마큼 하나님을 사랑하고 말씀대로 행하여 믿음을 지켰느냐에 따라 처소가 달라진다는 사실입니다.

만일 심령이 가난하여 복음을 듣고 예수 그리스도를 믿어 구원받는 데 그쳤다면 낙원에 들어가 영원히 살게 됩니다. 그러나 신앙생활을 하면서 하나님의 말씀대로 살아감으로 변화되는 만큼 1천층, 2천층, 3천층, 더 나아가 마음의 성결을 이루고 온 집에 충성하면 새 예루살렘이라는 가장 아름다운 천국의 처소에 들어가 영생복락을 누리게 됩니다.

이러한 천국의 처소와 행복한 생활에 대해서는 이미 발간된 〈천국 상·하〉 책자를 참고하시기 바라며, 여기서는 지면관계상 새 예루살렘의 극히 일부만 소개해 드리겠습니다.

하나님의 영광의 빛이 비취는 새 예루살렘 성 안에는 천사들의 찬양 소리가 은은하게 들려옵니다. 황금 보석으로 지어져 오색찬란한 빛을 발하는 건물들 사이로 정금길이 나 있고, 푸르른 잔디와 싱그런 나무들, 탐스런 꽃들이 아름답게 어우러져 있지요.

수정같이 맑은 생명수 강이 유유히 흐르고, 강가에는 고운 금모래가 깔려 있으며, 황금 벤치에는 천사들이 가져온 생명 과일 바구니가 멋스럽게 놓여 있습니다. 저 멀리 드넓은 유리바다가 보이며 각종 보석으로 만든 화려한 유람선이 떠다닙니다.

이곳에 온 사람들은 무수한 천사들의 수종을 받으며 왕같은 권세를 누릴 수 있습니다. 빛나는 구름 자가용을 타고 하늘을 날기도 하고, 주님을 늘 가까이 뵈오면서 선지자님들과 천국 연회를 즐길 수 있는 것입니다.

이 외에도 새 예루살렘에는 이 땅에서 볼 수 없었던 진귀하고 아름다운 것들이 무궁무진하며, 곳곳마다 황홀한 전경들이 끝없이 펼쳐져 있다는 사실입니다. 그러니 겨우 구원받는 데 그칠 것이 아니라, 하나님 앞에 더욱 가난한 심령이 되어 말씀으로 온전히 변화를 받음으로 가장 아름다운 천국인 새 예루살렘에 들어갈 수 있어야 하겠습니다.

하나님께 가까이 함이 복

심령이 가난한 자가 되면 하나님을 만나고 구원받는 것은 물론, 이 땅에서도 하나님의 자녀된 권세와 축복을 받게 됩니다. 공해병이라는 희귀 질병으로 인해 7년간이나 사투를 벌이다가 심령이 가난한 자의 축복을 받은 장로님의 간증을 소개하지요.

지금으로부터 10여 년 전, 질병으로 인해 직장을 휴직하게 되니 심한 무력감 속에 삶을 마감하고 싶은 충동이 수시로 찾아들었습니다. 희망의 빛이라곤 찾아볼 수 없으니 자신의 힘으로는 아무것도 할 수 없다는 가난한 심령이 된 것입니다.

그러던 중, 우연히 서점에 들러 신앙서적 코너를 둘러보는데 한 권의 책자가 시야에 들어왔습니다. 바로 저의 간증 책자인 〈죽음 앞에서 영생을 맛보며〉였습니다. 무신론자를 자처하다가 사람의 힘으로 어찌할 수 없는 질병으로 7년간 죽음의 문턱에서 방황하던 저에게 찾아오신 하나님을 증거한 책자를 보게 된 것이지요.

자신의 삶과 너무나 흡사하여 무엇엔가 끌리듯 책을 구입한 후 밤새 읽으면서 많은 눈물을 쏟았다고 합니다. 그리고 자신도 치료받을 수 있다는 확신 가운데 본교회에 등록하게 되었습니다.

그 후 하나님의 권능으로 희귀병을 치료받은 것은 물론 직장에 복직하여 '진실하게 하나님을 믿는 사람'이라는 칭찬을 받으며 승진하는 축복도 받았습니다. 뿐만 아니라 일가친척을 비롯한 70여 명을 전도하셨으니 천국에서 얼마나 상급이 크겠습니까.

시편 73편 28절을 보면 "하나님께 가까이함이 내게 복이라 내가 주 여호와를 나의 피난처로 삼아 주의 모든 행사를 전파하리이다" 말씀하고 있습니다.

이제 하나님을 가까이하여 팔복 중에 첫 번째 복을 취했다면 더욱 영적인 어린아이가 되어 하나님을 뜨겁게 사랑하며 심령이 가난한 자들에게 복음을 전해야 하겠습니다. 그리하여 사랑과 축복의 하나님께서 예비하신 팔복을 온전히 소유하시기 바랍니다.

2 ·두 번째 복·

애통하는 자는 복이 있나니

애통하는 자는 복이 있나니

저희가 위로를 받을 것임이요

| 마태복음 5:4 |

서로를 깊이 사랑하는 두 친구가 있었습니다. 얼마나 서로를 아끼고 사랑했던지 자신의 생명이 위태로운 순간에도 상대를 구해 줄 정도로 우정이 각별했지요. 그런데 안타깝게도 한 친구가 전쟁터에서 사망했다는 소식을 듣게 됩니다. 남겨진 친구는 떠난 친구를 그리며 저녁 때까지 슬퍼하며 울었습니다.

"내가 그대를 애통함은 그대는 내게 심히 아름다움이라
 그대가 나를 사랑함이 기이하여 여인의 사랑보다
 승하였도다"

이처럼 고백하며 전사한 친구의 아들을 거두어 자신의 아들과 같이 돌봐 주었는데, 바로 사무엘하 1장에 나오는 다윗과 요나단의 이야기입니다.

우리도 이 세상을 살아가는 동안 사랑하는 사람의 죽음, 질병의 고통, 삶 속에서 일어나는 갈등, 물질 문제 등 슬픈 일들을 만나게 되는데 인생 자체가 슬픔의 연속이라고 해도 과언이 아닐 것입니다.

하나님의 뜻이 아닌 육적인 애통

인류 역사를 되짚어 가다보면 끊임없이 이어져 온 전쟁과 테러, 기근과 재앙 등 국가적인 아픔뿐만 아니라 개개인의 삶 속에서 다양한 문제들로 인해 마음 아파하며 살아가는 것을 볼 수 있습니다.

물질의 어려움으로 인해 슬픔 속에 사는가 하면, 질병의 고통 속에서 신음하며 살아가는 사람도 있지요. 혹은 어떤 일이 자신의 계획대로 이루어지지 않아 마음 아파하는가 하면, 사랑하는 사람에게 배신당하여 쓰라린 눈물을 흘리기도 합니다.

이처럼 슬픈 일을 당하여 마음 아파하는 애통은 육적인 애통으로 자신의 악함과 감정 속에서 나오는 것이지 결코 하나님의 뜻이 아닙니다. 이러한 육적인 애통은 하나님의 위로를 받을 수 없습니다.

오히려 성경은 항상 기뻐하는 것이 하나님의 뜻이라고 말씀하십니다(살전 5:16). 또한 "주 안에서 항상 기뻐하라 내가 다시 말하노니 기뻐하라"(빌 4:4) 말씀하시며 성경 곳곳에 기뻐하는 삶을 살아갈 것을 당부하셨습니다.

혹자는 "기쁜 일이 있으면 기뻐할 수 있지만, 시련과 고통, 어려움을 당하는데 어떻게 기뻐할 수 있느냐?"며 의문을 제기할 수도 있을 것입니다.

그러나 우리가 기뻐하고 감사할 수 있는 것은 구원받고 천국을 약속받은 하나님의 자녀가 되었기 때문이지요. 또한 하나님의 자녀로서 아버지 하나님께 아뢰면 하나님께서 들으시고 문제를 해결해 주실 줄 믿기 때문에 온전히 기뻐하고 감사할 수 있습니다.

본교회에서 아프리카 선교사로 파송받아 아프리카 54개 국을 다니시며 수많은 집회를 인도하시는 정명호 목사님의 이야기입니다. 목사님은 10여 년 전, 대학 교수직을 뒤로 하고 아프리카 선교를 떠난 지 얼마 되지 않아 하나밖에 없는 아들이 하나님 품에 안기게 되었습니다.

이때 많은 성도들이 목사님을 위로했더니 오히려 목사님은 하나님께 감사드리며 성도들을 위로했다고 합니다. 눈물, 슬픔, 고통, 질병이 없는 천국으로 아들을 데려가심에 감사하고 다시 만날 수 있다는 소망이 있으니 기뻐할 수 있었던 것이지요.

이처럼 믿음이 있는 사람이라면 어떠한 슬픈 일로 인해 감정을 이기지 못하여 육적인 애통을 하는 것이 아닙니다. 어느 순간에도 항상 기뻐할 수 있는 것입니다.

어떤 문제에 부딪히더라도 감사하며 믿음으로 기도해 나간다면 하나님께서 그 믿음을 보시고 역사해 주십니다. 오히려 이 모든 것을 합력해 선을 이루어 주시니 참된 하나님의 자녀들에게 육적인 애통은 아무런 문제가 되지 않습니다.

하나님께서 원하시는 영적인 애통

하나님께서 원하시는 것은 육적인 애통이 아니라 영적인 애통입니다. 마태복음 5장 4절에 "애통하는 자는 복이 있나니" 말씀하셨는데, 여기서 애통은 하나님의 나라와 의를 위한 영적인 애통을 의미합니다. 그러면 영적인 애통에는 구체적으로 어떠한 것이 있을까요?

먼저, 회개의 애통이 있습니다.

우리가 예수님을 믿고 구세주로 영접하면 성령의 도우심 가운데 예수님께서 우리의 죄를 대신하여 십자가에 못박혀 죽으셨다는 사실이 마음으로 깨우쳐지게 됩니다. 이러한 예수님의 사랑을 느낄 때 눈물, 콧물을 흘리며 죄에 대해 통회자복하는 회개의 애통이 나옵니다.

회개란 하나님을 알지 못했을 때 죄악 가운데 살았던 것을 철저하게 돌이켜 하나님의 말씀대로 행하는 것을 말합니다. 우리가 회개의 애통을 하면 죄의 짐이 벗겨지므로 마음에서 기쁨이 넘치는 것을 체험할 수 있습니다.

벌써 30년이 넘은 일이지만 저도 하나님을 만난 후 처음

참석하게 된 부흥성회를 통해 말씀을 배우면서 얼마나 눈물 콧물을 흘리며 회개의 애통을 했는지 지금도 생생히 떠오릅니다.

하나님을 만나기 전에도 나름대로 의롭고 선하게 살았다고 자부했지만, 하나님의 말씀을 들으면서 지난날을 돌아보니 진리가 아닌 것이 너무나 많았습니다. 마음을 찢으며 죄를 회개하니 몸이 날아갈 것처럼 가볍고 말씀대로 살아갈 자신이 생겼습니다. 그래서 술과 담배를 끊고 성경을 읽으며 새벽 기도회에도 나가기 시작한 것입니다.

이처럼 회개하고 애통하며 은혜를 받았다 해도 신앙생활을 하다 보면 또 애통할 일이 생깁니다. 이제 하나님의 자녀가 되었으면 하나님의 말씀대로 죄악을 벗어 버리고 성결된 삶을 살아가야 하는데, 장성한 믿음의 분량에 이르기까지는 아직 온전치 않으므로 다시 범죄하는 일들이 생기기 때문입니다.

이때 하나님을 사랑하는 사람이라면 하나님 앞에 너무나 죄송하고 민망하여 "하나님, 이제 두 번 다시 이런 일이 없도록 도와주시고 말씀대로 행할 수 있는 능력을 주세요." 하며 통회자복하게 됩니다. 이런 애통함이 있을 때 위로부터 죄를 버릴 수 있는 힘이 오는 것입니다. 그러니 애통하는 것이 얼마나 하나님 앞에 큰 복입니까?

간혹 성도들 중에는 같은 죄를 반복해서 짓고 그때마다 회개하는 경우가 있습니다. 변화가 더디거나 아예 변화되지 못하는 경우이지요. 이는 회개의 애통을 한다고 하지만 마음 중심에서 하지 않았기 때문입니다.

만일 학생이 나쁜 친구들과 어울려 그릇된 일을 일삼으면서 부모님께 잘못했다고 용서를 빈 후 여전히 그릇된 길로 간다면 진정한 회개라 할 수 없습니다. 돌이켜 나쁜 친구들과 어울리지 않고 공부도 열심히 할 때라야 비로소 회개했다고 할 수 있는 것입니다.

이처럼 죄로 인해 애통한다면 말로만 회개하고 계속 같은 잘못을 되풀이하는 것이 아니라 바른 행함을 나타냄으로 회개에 합당한 열매를 맺어야 합니다(눅 3:8).

더 나아가 어느 정도 신앙이 성숙하고 교회의 일꾼으로 성장하면 더 이상 회개의 애통은 하지 않아야 합니다. 이는 범죄하고도 애통하지 말라는 뜻이 아니라 믿음이 성장하여 죄악을 버림으로 애통할 일이 없어야 한다는 의미이지요.

우리가 사명 감당을 하지 못했을 때에도 회개의 애통을

하게 됩니다. 고린도전서 4장 2절에 "맡은 자들에게 구할 것은 충성"이라 했으니 사명을 충성되이 감당하여 좋은 열매들을 맺어야 하는데, 만일 감당하지 못했다면 안타까운 마음으로 회개의 애통을 하는 것입니다.

여기서 한 가지 중요한 것은 사명을 감당하지 못했을 때회개하고 돌이키지 않으면 하나님 앞에 담이 되어 지킴받지 못할 수도 있다는 사실입니다. 마치 장성한 자녀가 철없는 어린아이와 같은 행동을 한다면 꾸중과 책망을 받을 수밖에 없는 것과 같습니다.

그러나 중심에서 회개하고 애통하면 하나님께서 주시는기쁨과 평강이 임하고, 할 수 있다는 자신감과 함께 사명을감당할 수 있는 능력을 주십니다. 이것이 바로 하나님께서 애통하는 자에게 주시는 위로하심이지요.

다음으로, 믿음의 형제를 위한 애통이 있습니다.

간혹 믿음의 형제들 중에 죄를 범하여 사망의 길로 가고있는 경우가 있습니다. 이럴 때 긍휼이 있는 사람이라면 "저런일을 해서는 안 되는데…" 하며 안타까운 마음이 듭니다. 그래서 자신의 일과 같이 애통하는 것은 물론, 대신 회개하며 진리로 행할 수 있도록 사랑의 기도를 하는 것입니다.

이처럼 믿음의 형제가 범죄하였을 때 대신 회개하며 애통하는 눈물의 기도는 진정 영혼을 사랑하는 마음이 있어야 나옵니다. 하나님께서는 이러한 애통의 기도를 기뻐 받으시고 하나님의 위로를 체험할 수 있도록 해 주십니다.

그런데 상대를 위해 애통하고 기도해 주는 것이 아니라, 오히려 판단하고 정죄하며 찌르는 말로 고통을 주는 사람도 있지요. 또는 다른 사람에게 상대의 허물을 전하기도 하는데 이러한 모습은 하나님 앞에 합당하지 않습니다. 사랑으로 상대의 허물을 덮어주며, 죄를 범하지 않도록 기도해 주어야 할 것입니다.

사도행전 7장을 보면 스데반 집사가 순교하는 장면이 나옵니다. 스데반 집사가 전하는 말씀에 마음이 찔린 유대인들은 이를 갈고 있다가 그가 영안이 열려 주님께서 하나님의 보좌 우편에 서신 것을 본다고 하니 더 이상 참지 못하고 돌로 치게 됩니다. 이때 스데반 집사는 돌에 맞아 죽어가면서도 악한 사람들을 위해 사랑으로 기도하였습니다.

"주 예수여 내 영혼을 받으시옵소서 하고

무릎을 꿇고 크게 불러 가로되

주여 이 죄를 저들에게 돌리지 마옵소서

이 말을 하고 자니라"(행 7:59-60)

또한 예수님께서는 어떠하셨습니까? 온갖 조롱과 핍박을 다 받으시고 십자가에 못박히실 때 자신을 십자가에 못박는 사람들을 위해 사랑의 중보기도를 올리셨습니다.

"예수께서 가라사대
아버지여 저희를 사하여 주옵소서
자기의 하는 것을 알지 못함이니이다"(눅 23:34)

죄없이 십자가의 고통을 당하시면서도 저들의 죄를 용서해 달라는 기도를 올리시는 예수님의 모습을 통해 영혼을 향한 예수님의 사랑이 얼마나 깊고 넓고 큰지를 알 수 있습니다. 이처럼 사랑으로 대신 회개하고 기도하는 마음이 하나님 앞에 합당한 마음이요, 축복받을 수 있는 마음입니다.

이 외에도, 영혼 구원을 위한 애통이 있습니다.
하나님의 자녀들은 죄악으로 물든 세상과 멸망의 길로 가는 사람들을 보며 안타깝게 여기는 사랑의 마음이 있어야 합니다. 우리가 살고 있는 현시대는 물로 심판을 받았던 노아 시대나, 불의 심판을 받은 소돔과 고모라와 같이 죄악이 관영한 세상이 되었습니다.

그래서 아직 구원받지 못한 부모, 형제, 일가친척, 이웃 등을 위한 애통은 물론, 나라와 민족에 대한 애통, 교계에 대한 애통, 하나님의 나라를 훼방하는 일들에 대한 애통 등 영혼 구원을 위한 애통이 있어야 합니다.

사도 바울은 늘 하나님의 나라와 의를 위해, 영혼들을 위해 염려하며 애통했습니다. 그는 복음을 전하면서 무수한 고난과 핍박을 당하고 감옥에 갇히기도 했지만 슬퍼하지 않았고, 오히려 하나님 앞에 찬미하며 기도했지요(행 16:25). 그러나 하나님의 나라와 영혼들을 위해서는 심히 마음 아파하며 애통했던 것입니다.

"이 외의 일은 고사하고
오히려 날마다 내 속에 눌리는 일이 있으니
곧 모든 교회를 위하여 염려하는 것이라
누가 약하면 내가 약하지 아니하며
누가 실족하게 되면 내가 애타지 않더냐"

(고후 11:28-29)

"내가 삼 년이나 밤낮 쉬지 않고
　눈물로 각 사람을 훈계하던 것을 기억하라"(행 20:31)

　이처럼 하나님의 나라를 위해 애통하는 사람은 성도들이
하나님의 말씀 가운데 굳게 서지 못할 때, 교회가 하나님의
영광을 드러내지 못할 때 이로 인해 애통하고 염려하는 것입
니다.

　또한 주의 이름으로 핍박을 받을 때 핍박받는 것이 힘들
어서 슬퍼하는 것이 아니라, 상대의 영혼을 위해 애통하고 기
도하게 됩니다. 뿐만 아니라 세상에 흑암이 짙어가는 것을 볼
때에 애통함으로 더 크게 하나님의 영광을 나타내시고 무수
한 영혼들이 구원받을 수 있도록 해 달라고 기도하게 되는
것입니다.

영적인 애통을 하려면 영적인 사랑이 있어야

　그러면 하나님께서 원하시는 영적인 애통을 하기 위해서는
어떻게 해야 할까요? 영적인 애통을 하려면 무엇보다 우리의
마음에 영적인 사랑이 임해 있어야 합니다.

　요한복음 6장 63절에 "살리는 것은 영이니 육은 무익하니
라" 말씀하신 대로 하나님께서 인정하시는 사랑만이 생명을

낳고 사람들을 구원의 길로 인도할 수 있습니다. 아무리 사랑이 많은 것 같아도 진리에서 벗어난 사랑은 육적인 사랑일 뿐이요, 아무런 가치가 없습니다.

사랑은 육적인 사랑과 영적인 사랑으로 구분할 수 있는데, 육적인 사랑이란 자기의 유익을 구하는 사랑이요 결국 썩어지고 변질되는 헛된 사랑입니다. 반면에 영적인 사랑은 변함이 없습니다. 이는 진리인 하나님의 말씀 안에서의 사랑이요, 자신을 희생해서라도 상대의 유익을 구해 주는 참사랑이기 때문입니다.

영적인 사랑은 사람의 힘으로는 할 수 없고 오직 하나님의 사랑을 깨닫고 진리 가운데 거할 때만이 베풀 수 있는 것입니다. 하나님께서는 원수까지 사랑하며 상대를 위해 생명이라도 내어 줄 수 있는 영적인 사랑을 소유한 사람에게 풍성한 축복으로 함께해 주십니다. 그래서 가는 곳마다 생명을 낳으며 수많은 사람들이 주께로 돌아오는 역사가 나타나는 것이지요.

그러므로 우리 안에 영적인 사랑의 마음이 있을 때 영혼들을 위해 대신 애통하며 기도할 수 있고, 아무리 강퍅한 심령이라도 깨어지고 변화되어 생명과 믿음을 낳는 것입니다.

하나님께 사랑받았던 믿음의 선진들은 이러한 영적인 사랑이 있었기에 멸망으로 가는 영혼들을 위해, 하나님의 나라와 의를 이루기 위해 눈물 흘리며 애통하면서 기도하였습니다. 안타깝다며 눈물만 흘린 것이 아니라 밤낮으로 영혼들을 돌아보며 자신에게 맡겨진 일들을 충성되이 감당했던 것입니다.

이처럼 영혼들을 사랑함으로 열심히 말씀을 전하고 기도하며 심방하는 행함이 따라야 참된 애통이지요. 우리에게도 영적인 사랑이 임하면 하나님의 나라와 의를 위한 영적인 애통이 나오게 됩니다.

그럴 때 마태복음 6장 33절에 "너희는 먼저 그의 나라와 그의 의를 구하라 그리하면 이 모든 것을 너희에게 더하시리라" 말씀하신 대로 영혼들이 변화되며 하나님의 나라가 이루어지고 필요한 것들을 넘치게 채워 주십니다.

영적으로 애통하는 사람에게 임하는 축복

마태복음 5장 4절에 "애통하는 자는 복이 있나니 저희가 위로를 받을 것임이요" 말씀하신 대로 영적인 애통을 하면 하나님께서 주시는 위로를 받게 됩니다.

하나님께서 주시는 위로는 세상 사람들이 주는 위로와는

다릅니다. 요한일서 3장 18절에 "우리가 말과 혀로만 사랑하지 말고 오직 행함과 진실함으로 하자" 말씀하신 대로 말로만이 아니라 실질적인 위로를 주시는 것입니다.

궁핍한 삶을 사는 사람에게는 물질의 축복을 주시고, 오랫동안 질병에 시달리고 있는 사람에게는 치료하여 강건함을 주시며, 마음의 소원을 가지고 기도하는 사람에게는 응답으로 축복해 주십니다.

또한 사명을 감당하지 못하여 애통하는 사람에게는 감당할 수 있는 능력을 주시고, 영혼들을 위해 애통할 때는 전도의 열매, 부흥의 열매를 맺게 하시지요. 뿐만 아니라 죄를 버리기 위해 마음을 찢고 애통하는 사람에게는 죄사함의 은혜를 주시며, 죄를 버리고 성결되어 가는 만큼 사도 바울과 같이 큰 권능도 나타낼 수 있게 축복하십니다.

수년 전, 저는 교회의 존립이 위태로울 정도로 큰 어려움을 겪었던 때가 있었습니다. 그 당시 교회에 시험을 가져다 준 사람들과 애매히 핍박을 받는 성도들, 믿음이 연약하여 교회를 떠나는 성도들로 인해 심히 애통함으로 음식을 먹을 수도 잠을 잘 수도 없었습니다.

하나님의 교회를 훼방하는 것이 얼마나 큰 죄인지 누구보다도 잘 알기에 교회에 어려움을 준 영혼들을 생각하면 눈물이 앞을 가렸습니다. 더욱이 잘못된 말만 듣고 교회를 떠나 아예 하나님을 등지는 영혼들을 볼 때 내게 맡겨 주신 영혼을 갈무리하지 못한 책임을 통감하며 애통할 수밖에 없었지요.

살은 급속도로 빠져가고 걷기도 힘든 상황에서 한 주에 세 차례 단에 올라 설교를 하다보면 혹여 몸이 휘청거릴까 불안하였지만 성도들이 염려할까 하여 자리를 비울 수가 없었습니다. 이러한 저의 중심을 보신 하나님께서는 기도할 때마다 "너를 사랑하노라." 말씀하시며, 오히려 "축복이라." 위로해 주셨습니다.

하나님의 위로하심을 받는 축복

때가 이르매 하나님께서는 오해들을 하나하나 풀어 주셨고, 성도들의 믿음이 한층 더 성장하는 계기가 되었습니다. 또한 이전과는 비교할 수 없는 권능으로 수많은 치료의 역사를 베풀어 주셨으며, 놀라운 기사와 표적, 희한한 일들도 무수히 나타나게 하셨지요.

교회가 훼파될 위기에서 건져 주시고 오히려 놀라운 부흥의 축복을 주셨으며 세계선교의 문을 활짝 열어 주셨습니다. 해외 성회에 수십만, 수백만 명에 이르는 인파를 보내 주시며 많은 영혼들을 구원할 수 있도록 축복하셨으니 이보다 더한 보람과 기쁨이 어디 있겠습니까.

세계에서 두 번째로 길다는 마리나 해변에서 있었던 2002년 인도 연합대성회는 연인원 3백만 명 이상이 운집한 가운데 무수한 사람들이 치료받고 수많은 힌두교도들이 개종하는 등 놀라운 역사들이 있었습니다.

이처럼 하나님의 위로는 우리가 상상할 수 없는 축복으로 갚아 주시되 우리에게 가장 필요한 것을 넘치게 채워 주실 뿐만 아니라, 천국에도 값진 상급으로 쌓아 주시니 참된 복이 되는 것입니다.

요한계시록 21장 4절에 "모든 눈물을 그 눈에서 씻기시매 다시 사망이 없고 애통하는 것이나 곡하는 것이나 아픈 것이 다시 있지 아니하리니 처음 것들이 다 지나갔음이러라" 말씀하신 대로 눈물, 슬픔, 고통이 없는 천국에서 말할 수 없는 영광과 상급으로 갚아 주시는 것입니다.

하나님의 나라와 교회를 위해 늘 애통하며 기도하는 사람의 천국 집은 많은 황금 보석과 상급들이 있지만 유난히 크고 빛나는 진주들로 아름답게 장식되어 있습니다. 한 알의 진주가 만들어지기까지 조개는 오랜 시간 고통을 참아내며 자신의 진액을 쏟게 됩니다. 마찬가지로 이 땅에서 인간 경작을 받는 동안 변화되기 위해 흘린 눈물, 하나님 나라와 영혼들을 위해 애통하며 기도했던 시간들에 대한 위로를 진주로 표현해 주시는 것이지요.

따라서 육적인 애통을 하는 것이 아니라 오직 하나님의 나라를 이루기 위해, 영혼들을 위해 애통함으로 하나님의 위로하심을 받는 것은 물론, 천국에서도 귀한 상급을 받으시기 바랍니다.

3 ·세 번째 복·

온유한 자는 복이 있나니

온유한 자는 복이 있나니

저희가 땅을 기업으로 받을 것임이요

| 마태복음 5:5 |

젊은 시절 무명 변호사였던 링컨을 유난히 무시하고 싫어했던 스탠턴이라는 변호사가 있었습니다. 한번은 링컨과 함께 중요한 사건을 맡게 되자, 불쾌하다는 듯이 문을 거세게 닫고 나가 버렸습니다.

"저 시골뜨기 변호사와 어떻게 일을 하라는 겁니까?"

세월이 흘러, 대통령에 당선된 링컨은 내각을 구성하면서 가장 요직이라 할 수 있는 국방부 장관에 스탠턴을 임명했습니다. 참모들은 모두 놀라며 재고할 것을 건의합니다. 이는 스탠턴이 '링컨이 대통령에 당선된 것은 국가적인 재난'이라며 신랄한 공격을 퍼부었기 때문이지요. 이때 링컨이 조심스럽게 입을 열었습니다.

"그 사람이 수백 번 나를 무시한들 어떻습니까? 그는 사명감이 투철하고 난국을 극복할 소신과 추진력이 있으니 국방부 장관으로서 충분한 자질이 있습니다."

아무리 자신을 찌르는 상대라도 이해하고 품을 수 있는 넓은 마음, 온유한 마음을 지녔던 것입니다. 결국 스탠턴은 링컨을 가장 위대한 인물이라고 표현하며 중심에서 존경하게 되었습니다.

이처럼 자신과 맞지 않는 사람을 싫어하고 멀리하기보다 이해해 주며 장점을 살려 변화시키는 것이 진정 선하고 온유한 마음입니다.

하나님께서 인정하시는 영적인 온유함

일반적으로는 내성적이거나 소심한 성품, 혹은 지혜가 없고 바보스러울 정도로 성낼 줄 모르는 부드럽고 온화하며 유순한 사람을 온유하다고 말하지요. 그러나 하나님께서는 덕을 겸비한 사람을 진정 온유하다고 인정하시는 것입니다.

여기서 덕이란 '마음이 올바르고 사람의 도리에 합당한 일'을 뜻하며, 하나님 안에서도 덕은 사람을 다스림에 있어서 반듯하게 행할 줄 알고, 위엄을 갖추는 등 이런저런 면을 다 갖춘 상태입니다.

온유와 덕은 비슷한 것 같지만, 분명한 차이가 있습니다. 온유가 내면적인 것이라면, 덕은 외면적인 옷과 같지요. 아무리 훌륭한 사람이라도 옷을 제대로 갖춰 입지 않으면 품위를 떨어뜨리게 되듯이 덕을 갖추지 못한 온유함은 온전하다 할 수 없습니다. 또 덕이 있어 보인다 해도 마음 안에 온유함이 없다면 속 빈 강정과 같이 가치가 없는 것입니다.

그러므로 하나님께서 인정하시는 영적인 온유함은 단순히 성품이 유순한 데 그치는 것이 아니라 덕이 있어서 큰 나무가 많은 사람에게 쉴 만한 그늘을 제공하듯이 많은 사람을 품어 줄 수 있는 넓은 마음이라는 사실입니다.

예수님께서는 마음이 온유하셨기에 어느 누구와 다투지도 들레지도 않으셨으며, 지나가는 소리조차 들리지 않을 정도였습니다. 그리고 선한 사람뿐만 아니라 악한 사람들에게도 동일한 마음으로 대해 주셨기에 가는 곳마다 수많은 사람들이 따랐던 것입니다.

많은 사람을 품어 줄 수 있는 덕이 있어야

우리나라 역사에도 온유한 성품을 가진 왕이 있었습니다. 성군이라 일컬어지는 세종대왕은 온유할 뿐만 아니라 덕이 있어서 신하들과 뭇 백성들의 사랑을 받았습니다. 황희, 맹사성, 허조 등 인재들을 등용하여 조선 왕조의 기틀을 튼튼히 하였고, 한글 창제의 업적도 남겼습니다.

의료제도의 개혁과 금속활자를 간행했을 뿐만 아니라 박연과 장영실 등 음악, 과학 등 여러 분야에 걸쳐 두루 인재를 등용함으로 당대에 찬란한 문화의 꽃을 피웠지요. 이처럼 온유함에 덕을 겸하였을 때에는 많은 사람들이 깃들고 그 열매역시 아름다운 것을 볼 수 있습니다.

온유한 사람은 자기 생각과 교양에 맞지 않는 사람도 능히 품어 줄 수 있으며 매사에 악으로 판단하거나 정죄하지 않습니다. 어떤 상황에서도 상대의 입장에서 이해하며, 겸손한 마음으로 섬겨 주는 솜털같이 부드럽고 포근한 마음이지요.

단단한 쇠에 돌을 던지면 요란한 소리가 나고 유리에 돌을 던지면 깨져 버리지만 솜뭉치에 돌을 던지면 소리가 나거나 깨지지 않습니다. 아무리 단단한 돌들도 포근히 감싸 안기 때문입니다.

이와 같이 마음이 온유한 사람은 설령 믿음이 연약하여 악을 행하는 사람이라 해도 외면하지 않고 끝까지 변화될 것을 바라보며 상대가 더 잘할 수 있는 길로 이끌어 주고 도와줍니다. 입술의 말도 요란하게 떠들고 다투며 들레는 것이 아니라 부드럽고 잔잔하며, 많은 말들을 허탄하게 하는 것이 아니라 꼭 필요한 진리의 말을 내지요.

또한 자신을 미워하고 욕하는 사람이라 할지라도 감정을 품거나 상처받지 않으며, 권면이나 지적을 받을 때 기쁘게 수용하여 자신을 개선하고 발전시켜 나가는 것을 볼 수 있습니다. 이러한 사람은 어떤 사람과도 걸림이 되지 않고 상대의 부족함을 이해해 주며 포용해 주므로 결국 많은 사람의 마음을 얻게 됩니다.

부지런히 마음밭을 개간하여 옥토로 만들어야

우리가 영적인 온유함을 이루기 위해서는 열심히 마음밭을 개간하는 노력이 필요합니다. 마태복음 13장에 보면 예수님께서는 우리의 마음을 네 가지의 밭에 비유하여 설명해 주셨습니다.

길가밭은 흙이 단단하게 굳어 씨를 뿌려도 싹이 나지 않는 밭으로, 하나님의 말씀을 들어도 전혀 믿음을 갖지 못하는 마음입니다. 이런 마음밭을 가진 사람은 강퍅하고 완고하여 진리를 들어도 마음 문을 열지 않으므로 하나님을 만날 수가 없습니다. 혹 교회에 다닌다 해도 그저 교회만 왔다갔다 할 뿐 말씀이 마음에 심겨지지 않으니 신앙이 성장하지 않지요.

돌밭은 씨를 뿌리면 싹이 나더라도 돌멩이로 인해 잘 자라지 못하는 것처럼, 말씀을 들어도 믿음의 확신이 없기 때문에 행하지 못하고 시험이 오면 넘어지는 마음입니다. 하나님을 알고 성령의 충만함을 입음으로 길가밭보다는 낫다 해도 아직 진리로 마음이 개간되지 않은 상태이므로 행함이 따르지 않습니다.

가시떨기밭은 씨를 뿌리면 잘 자라다가 가시떨기로 인해 열매를 맺지 못하는 것처럼 탐욕과 재리의 유혹, 세상의 염려,

자신의 생각과 계획이 앞서기 때문에 매사에 하나님의 능력을 체험하지 못하는 경우입니다.

옥토는 땅이 고르고 비옥하여 씨를 뿌리면 싹이 자라 30배, 60배, 100배로 열매를 거두는 것처럼 하나님의 말씀이라면 오직 아멘과 예로 순종하기 때문에 매사에 풍성한 열매를 거둘 수 있는 마음입니다. 이러한 마음이 바로 하나님께서 기뻐하시는 온유한 마음이지요.

우리 자신은 어떠한 마음을 소유하고 있는지 한번 점검해 보시기 바랍니다. 물론 사람의 마음을 자로 재듯 단순히 길가밭과 돌밭, 가시떨기밭과 옥토로 구분하기는 어렵습니다. 혹 길가밭에 돌밭과 같은 마음이 섞여 있기도 하고, 옥토와 같은 좋은 마음밭을 가졌다 해도 성장하면서 돌멩이와 같은 비진리가 심겨지기도 합니다.

어떠한 밭이든 부지런히 개간하면 옥토로 만들 수 있는 것처럼 우리가 어떠한 마음밭을 소유했느냐 하는 것보다 누가 부지런히 밭을 개간하느냐가 더욱 중요하다는 사실입니다.

농부가 풍성한 소출을 소망하며 땀 흘려 척박한 땅에서 돌을 골라내고, 잡초를 제거하며 거름을 주어 옥토로 일구어

가는 것처럼 우리의 마음에서 미움, 시기, 질투, 다툼, 판단, 정죄 등 악을 벗어 버리면 선하고 온유한 마음 곧 옥토를 이룰 수 있는 것입니다.

끝까지 믿음으로 기도하며 악을 버려야

우리가 마음밭을 개간하기 위해서는 무엇보다 먼저 신령과 진정으로 예배드림으로 열심히 말씀을 듣고 깨우쳐 나가야 합니다. 또한 어떤 어려움이 온다 해도 항상 기뻐하고 쉬지 않고 기도하며 범사에 감사하면서 마음속에 있는 악들을 벗어 버리기 위해 노력해야 합니다.

불같은 기도를 통해 하나님의 능력을 구해 나가면서 말씀대로 행하려고 노력해 나간다면 하나님의 은혜와 능력, 성령의 도우심을 힘입어 신속히 벗어 버릴 수 있게 됩니다.

이때 아무리 좋은 밭이라 해도 씨를 심지 않고, 또 인내함으로 가꾸지 않으면 거둘 것이 없는 것처럼 한두 번 하다 그치는 것이 아니라 끝까지 믿음으로 기도하는 것이 중요합니다. 믿음은 바라는 것들의 실상(히 11:1)이므로 부단히 노력하여 하나님을 믿고 기도해 나갈 때 반드시 풍성한 수확을 거두게 되는 것입니다.

물론 마음속에 있는 악을 버려 나가는 과정에서 어느 정도 버렸다고 생각했는데, 또다시 악의 모습이 나오는 것처럼 보일 수도 있습니다. 마치 양파를 벗길 때 한 겹, 두 겹 벗겨도 비슷한 모양의 속껍질이 나오는 것과 같지요. 그러나 포기하지 않고 계속 악을 버려 나가면 결국에는 악이 없는 성결된 마음, 온유한 마음을 이룰 수 있습니다.

출애굽의 지도자 모세의 온유함

모세는 출애굽하여 40년 동안 이스라엘 백성들을 가나안 땅으로 인도하는 과정에서 힘들고 어려운 상황들을 수없이 겪었습니다.

이스라엘 백성들이 장정만 해도 60만 명이라고 했으니 여자와 아이들을 포함하면 족히 200만 명은 되었을 것입니다. 수많은 백성들을 이끌고 먹을 것도 없고 물도 제대로 구할 수 없는 광야에서 수십 년의 세월을 보내는 과정 중에 얼마나 많은 어려움들이 있었겠습니까.

뒤에는 말을 타고 쫓아오는 애굽 군대(출 14:9), 앞에는 넘실대는 홍해가 가로막고 있을 때에 하나님께서는 홍해를 갈라 주셔서 마른 땅처럼 건널 수 있게 해 주셨습니다(출 14:21-22). 마실 물이 없을 때는 반석에서 물이 나오게 하셨으며(출 17:6), 쓴 물을 단 물로 바꿔 주시고(출 15:23-25) 먹을 양식이 없을 때는 만나와 메추라기를 비처럼 보내 주셔서 배불리 먹게 하셨지요 (출 14-17장).

이처럼 살아 계신 하나님의 권능을 목도하면서도 이스라엘 백성들은 어려움이 찾아오면 번번이 모세에게 원망과 불평 불만을 늘어놓았던 것입니다.

"우리가 애굽 땅에서 고기 가마 곁에 앉았던 때와
　떡을 배불리 먹던 때에 여호와의 손에
　죽었더면 좋았을 것을
　너희가 이 광야로 우리를 인도하여 내어
　이 온 회중으로 주려 죽게 하는도다"(출 16:3)

"당신이 어찌하여 우리를 애굽에서 인도하여 내어서
　우리와 우리 자녀와 우리 생축으로 목말라 죽게 하느냐"
　(출 17:3)

"여호와께서 우리를 미워하시는 고로
　아모리 족속의 손에 붙여 멸하시려고
　우리를 애굽 땅에서 인도하여 내셨도다"(신 1:27)

심지어 모세를 원망하며 돌로 치려는 사람들까지 있었습니다. 이러한 백성들과 40년이나 함께하면서 그들을 진리로 가르치며 가나안 땅까지 인도해 갔다는 사실 하나만으로도 모세의 온유함이 얼마나 승한지 능히 짐작해 볼 수 있습니다.

그래서 민수기 12장 3절을 보면 "이 사람 모세는 온유함이 지면의 모든 사람보다 승하더라" 하시며 칭찬하신 장면이 나옵니다.

하지만 모세가 처음부터 온유함을 이뤘던 것은 아닙니다. 동족을 학대하는 애굽 사람을 쳐 죽일 정도로 불같은 성격이었고, 애굽의 왕자라는 신분으로 모든 분야에 자신감도 있었지만 미디안 광야에서 40년간 양을 치며 철저히 자신을 깨뜨렸습니다.

애굽 사람을 죽인 일로 인해 정들었던 왕궁을 떠나 도망자의 신세로 정처없는 광야생활을 하면서 자신의 힘으로는 아무것도 할 수 없음을 절실히 깨우쳤던 것입니다. 이러한 연단의 세월을 보낸 후에야 어느 누구라 할지라도 품을 수 있는 온유한 사람이 되었습니다.

육적인 온유함과 영적인 온유함의 차이
대개 육적으로 온유한 사람은 성격이 조용하고 유순하

여 큰소리가 나거나 부딪치는 것을 원치 않습니다. 그래서 비진리를 보고도 우유부단하게 행동하는가 하면, 불편한 일이 있어도 눌러 참지요. 하지만 속으로는 고통을 받다가 자신의 한계를 벗어나면 감정이 폭발하기도 합니다. 맡은 사명에 있어서도 충성하고자 하는 열정이 없기에 좋은 열매를 맺지 못합니다.

이처럼 성격적으로 내성적이고 온순한 것은 하나님께서 기뻐하시는 온유함이 아닙니다. 사람이 보기에는 온유하다 생각할 수도 있지만 중심을 감찰하시는 하나님 앞에서는 온유하다 인정받을 수 없는 것입니다.

그러나 마음에 비진리를 벗어 버림으로 영적으로 온유한 마음을 이룬 사람은 옥토에 무엇을 심든지 열매를 잘 맺는 것처럼 각 분야에서 부흥의 열매, 전도의 열매 등 풍성한 소출을 냅니다. 또한 영적으로도 빛의 열매(엡 5:9)나 사랑의 열매(고전 13장), 성령의 열매(갈 5:22-23)를 맺어 하나님께서 원하시는 영의 사람이 될 뿐 아니라 기도하는 것마다 신속히 응답받는 것을 볼 수 있습니다.

무엇보다 영적으로 온유한 사람은 진리 안에서 강하고 담대하게 행합니다. 진리로 가르쳐야 할 때는 엄히 가르치고 하나님 앞에 심히 범죄하는 영혼들을 볼 때는 사랑으로 책망하여 바로잡는 강하고 담대한 모습이 있는 것입니다.

한 예로, 누구보다 온유하셨던 예수님께서도 진리에 합당하지 않은 일에 대해서는 강하게 책망하셨습니다. 하나님의 성전을 더럽히는 것을 간과하지 않으셨던 것입니다.

"성전 안에서 소와 양과 비둘기 파는 사람들과

돈 바꾸는 사람들의 앉은 것을 보시고

노끈으로 채찍을 만드사

양이나 소를 다 성전에서 내어 쫓으시고

돈 바꾸는 사람들의 돈을 쏟으시며 상을 엎으시고

비둘기 파는 사람들에게 이르시되

이것을 여기서 가져가라

내 아버지의 집으로 장사하는 집을 만들지 말라"

(요 2:14–16)

또한 하나님의 말씀을 거스려 거짓으로 가르치는 바리새인과 서기관들을 엄히 책망하기도 하셨습니다(마 12:34, 23:13–35, 눅 11:42–44).

영적인 온유함의 차원

우리가 또 한 가지 알아야 할 것은, 고린도전서 13장의 영적인 사랑을 이루기 위한 것에도 온유함이 있고, 갈라디아서 5장에 나오는 성령의 아홉 가지 열매 중에도 온유함이 있다는 사실입니다.

그러면 팔복에 나오는 온유함과 어떠한 차이가 있는 것일까요? 물론 세 가지 모두 전혀 다른 것이 아니라, 기본적인 의미는 유순하고 부드러우며 사랑과 덕이 있는 것으로 연결되어 있습니다. 그러나 그 영적인 깊이와 넓이에 있어서는 차이가 있는 것입니다.

먼저, 사랑장에서의 온유함은 영적인 사랑을 이루기 위한 가장 기본적인 온유함을 말하는 것이라면 성령의 아홉 가지 열매의 온유함은 좀더 포괄적으로 범사에 온유한 것을 말합니다.

또한 성령의 열매에서의 온유함이 마음에 열매로 맺힌 것이라면 이 열매가 온전히 삶 가운데 효력을 발하여 축복을 끌어내리게 되는 것이 바로 팔복의 온유함입니다.

비유를 들면, 아름다운 나무에 탐스럽고 실한 과일들이 주렁주렁 맺혀 있을 때 성령의 열매가 맺힌 것이라고 한다면, 팔복은 그 과일을 따서 먹음으로 몸에 유익을 얻는 것과 같습니다. 그러니 팔복에서의 온유함이 가장 깊은 차원이라 할 수 있습니다.

영적으로 온유한 사람에게 임하는 축복

마태복음 5장 5절에 "온유한 자는 복이 있나니 저희가 땅을 기업으로 받을 것임이요" 말씀하신 대로 영적인 온유함을 소유하면 땅을 기업으로 받게 됩니다.

여기서 땅을 기업으로 받는다는 것은 우리가 살고 있는 이 세상의 땅을 받는 것이 아니라 영원한 천국에서의 땅을 소유하게 되는 것을 말합니다(시 37:29).

기업(基業)이란 '선대로부터 이어 오는 재산과 사업, 또는 기초가 되는 업'을 말하는데 조상이나 부모로부터 물려받은 기업은 값을 주고 산 땅보다 더 확실하게 사람들로부터 소유권을 인정받습니다.

예를 들어, 조상 대대로 내려오는 기업이라면 주변 사람들에게 '누구네 것'이라고 다 알려져 있고, 자손 대대로 물려주기까지 소중하게 보존하는 것을 볼 수 있습니다. 그러니 땅을 기업으로 받는다는 것은 그만큼 확고하게 자기 땅으로 얻게 된다는 말이지요.

그러면 영적인 온유함을 소유한 사람에게 천국의 땅을 기업으로 주시는 이유는 무엇일까요? 시편 37편 11절에 "오직 온유한 자는 땅을 차지하며 풍부한 화평으로 즐기리로다" 말씀하신 대로 온유한 사람은 덕이 있어서 많은 사람들을 품었기 때문입니다.

영적인 온유함을 소유한 사람은 상대의 잘못을 용서해 줄 수 있고, 이해하며 포용할 수 있는 마음을 소유했기 때문에 많은 사람들이 그 안에서 마음의 쉼을 얻고 평안함을 누리게 됩니다.

이처럼 많은 사람들의 마음을 얻게 되면 곧 영적인 권세가 되는 것이요, 천국에서도 큰 권세를 받게 되니 당연히 큰 땅을 기업으로 받을 수 있습니다.

천국의 땅을 기업으로 받는 영적인 권세

세상에서의 권세는 물질이나 명예가 있어야 얻게 되지만 천국에서의 영적인 권세는 마음을 낮추며 섬기는 자가 될 때 얻게 됩니다.

마태복음 20장 26-28절을 보면 "너희 중에 누구든지 크고자 하는 자는 너희를 섬기는 자가 되고 너희 중에 누구든지 으뜸이 되고자 하는 자는 너희 종이 되어야 하리라 인자가 온 것은 섬김을 받으려 함이 아니라 도리어 섬기려 하고 자기 목숨을 많은 사람의 대속물로 주려 함이니라" 하였습니다.

마태복음 18장 3-4절에는 "너희가 돌이켜 어린아이들과 같이 되지 아니하면 결단코 천국에 들어가지 못하리라 그러므로 누구든지 이 어린아이와 같이 자기를 낮추는 그이가 천국에서 큰 자니라" 했습니다. 어린아이와 같이 되면 마음이 낮아질 대로 낮아지니 이 땅에서 많은 이의 마음을 얻게 되며 천국에서도 큰 자가 되는 것이지요.

이처럼 영적인 온유함으로 많은 사람을 마음에 품었기에 하나님께서는 그에 해당하는 만큼 천국의 넓은 땅을 주어 영원토록 권세를 누리게 하시는 것입니다. 만일 천국에서 넓은 땅을 얻지 못했다면 그 위에 어떻게 크고 좋은 집을 지을 수 있겠습니까.

아무리 천국 집의 재료가 되는 충성과 봉사, 헌금을 많이 했다 해도 땅이 좁으니 그 안에서 지을 수 있는 집에도 한계가 있는 것이지요.

그러므로 하나님의 보좌가 있는 새 예루살렘 성에 들어간 사람이라면 그만큼 영적인 온유함이 온전히 임했기에 넓은 땅이 주어지며, 땅이 넓은 만큼 집도 크고 아름다운 것을 볼 수 있습니다.

또한 집에 걸맞도록 아름답게 꾸며진 정원이나 호수, 계곡, 동산, 수영장, 운동장, 무도회장 등 각종 시설들도 있는데 이는 자신이 전도했던 사람들과 마음에 품고 영으로 성장시킨 수많은 사람들을 초대하여 마음껏 잔치하고 영원히 사랑을 나눌 수 있도록 하나님께서 배려하신 것입니다.

오늘날도 하나님께서는 온유한 사람들을 열심히 찾으십니다. 수많은 영혼을 품어 진리로 인도하도록 사명을 주시고 영원한 천국에서 넓은 땅을 기업으로 주시기 위함이지요. 그러니 열심히 마음의 성결을 이루고 온유함을 이루어 천국의 넓은 땅을 영원한 기업으로 받으시기를 바랍니다.

4 ・ 네 번째 복 ・

의에 주리고 목마른 자는 복이 있나니

의에 주리고 목마른 자는 복이 있나니

저희가 배부를 것임이요

| 마태복음 5:6 |

우리 속담에 '사흘 굶어 도둑질하지 않을 사람이 없다'는 말이 있습니다. 굶주림의 어려움이 얼마나 고통스러운지를 빗대어 한 말입니다. 항우장사라 해도 굶주림 앞에서는 어찌할 수 없지요.

어쩌다 한두 끼를 걸러도 힘겨운 일인데 하루, 이틀, 사흘 음식을 섭취하지 못하는 나날이 계속된다고 상상해 보십시오.

처음에는 배가 고프다는 느낌이 들지만 시간이 더 지나면 배가 아파 오고 식은 땀이 흐르기도 하며 전신에 고통이 몰려오면서 몸의 기능이 서서히 약화되는 것입니다. 이러한 상황에서는 오로지 먹을 것에 대한 간절함이 극에 달하게 되고 심하면 생명을 잃을 수도 있습니다.

지금도 지구촌 곳곳에는 기근과 전쟁 속에 굶주리다 못해 독한 풀까지 뜯어먹는가 하면, 쓰레기더미에서 먹을 것을 찾아 하루하루를 연명하는 사람들도 있지요.

그런데 배고픔보다 더욱 견디기 힘든 것이 목마름입니다. 사람의 몸은 약 70%가 수분으로 구성되어 있다고 합니다. 체내의 수분을 2%만 잃어도 심한 갈증을 느끼며, 4%를 잃으면 몸이 쇠약해지면서 혼수상태에 빠질 수 있고, 10%를 잃으면 사망에 이를 수 있다고 하지요.

    이처럼 물은 우리 인체에 없어서는 안 될 중요한 요소이기에 그 필요성도 더욱 절실한 것입니다. 강렬히 내리쬐는 태양 아래 끝없이 펼쳐진 사막을 여행하는 사람들 중에는 갈증이 너무 심한 나머지 신기루를 따라 오아시스를 찾아 헤매다가 목숨을 잃기도 합니다.

    이처럼 주리고 목마른 것은 생명을 앗아갈 만큼 고통스러운 것입니다. 그렇다면 하나님께서 의에 주리고 목마른 사람에게 복이 있다고 말씀하시는 이유는 무엇일까요?

의에 주리고 목마른 사람

    일반적으로 의(義)란 '사람으로서 지켜야 할 바른 도리'라고 정의합니다. 흔히 '의리를 지켜라.', '신의를 저버리지 말아라.' 표현하기도 하지요. 우리 주변을 보면 친구들 간에 잘못된 의를 지키기 위해 죽음도 불사하는가 하면, 자신들이 믿는 신념을 의라고 내세우며 사회의 부조리에 항거하기도 합니다.

    그러나 하나님께서 말씀하시는 의는 이와 다릅니다. 하나님의 뜻을 좇아 나가는 것이요, 선과 진리 자체이신 하나님의 말씀을 행하는 것이 바로 의입니다. 우리가 하나님의 형상을 되찾기까지 즉 성결되기까지 거쳐야 할 모든 과정을 의미하는 것입니다.

의에 주리고 목마른 사람은 시편 1편 1-2절에 기록된 대로 오직 여호와의 율법을 즐거워하여 그 율법을 주야로 묵상하게 됩니다. 하나님의 말씀 안에는 '하나님의 뜻은 무엇이며, 어떻게 행하는 것이 의로운 것인가' 하는 내용들이 다 들어 있기 때문입니다.

또한 시편 기자의 고백과 같이 밤낮으로 하나님의 말씀을 사모하고 양식삼게 됩니다. 머리에만 지식으로 담아 두는 것이 아니라 자신의 삶 가운데 적용시키려고 힘쓰는 것이지요.

"내 눈이 주의 구원과 주의 의로운 말씀을
사모하기에 피곤하니이다"(시 119:123)

"내가 새벽 전에 부르짖으며
주의 말씀을 바랐사오며 주의 말씀을 묵상하려고
내 눈이 야경이 깊기 전에 깨었나이다"
(시 119:147-148)

정녕 하나님의 사랑을 안다면 말씀을 간절히 사모하여 의에 주리고 목마르지 않을 사람이 없을 것입니다. 흠도 점도 없으신 하나님의 독생자 예수님께서 죄인되었던 우리를 위해 십자가의 고난과 수치를 당하심으로 우리의 죄를 대속하시고 영원한 생명을 주셨다는 사실을 알기 때문이지요.

이러한 십자가의 사랑을 믿는다면 말씀대로 살 수밖에 없습니다. '어찌하면 놀라운 주님의 사랑에 보답하고 하나님을 기쁘시게 할까? 어찌하면 하나님께서 원하시는 것을 이루어 드릴까?'하며 마치 갈급하고 굶주린 사람처럼 목마른 사슴이 시냇물을 찾듯 하나님께서 기뻐하시는 의를 구하게 됩니다.

그러므로 말씀을 듣는 대로 열심히 순종하여 죄를 버리고 진리를 행하게 되는 것입니다.

의에 주리고 목마른 사람의 행함

저는 의학으로 어찌할 수 없던 수많은 질병들을 하나님의 능력으로 치료받았습니다. 이렇게 하나님을 만나게 되니 새로운 삶을 주신 그분의 말씀을 너무나 사모하여 하나라도 더 듣고 깨닫기 위해서 부흥성회가 열리는 곳마다 찾아다녔습니다. 또한 하나님을 만나기 위해 간절히 찾았습니다.

"나를 사랑하는 자들이 나의 사랑을 입으며
　나를 간절히 찾는 자가 나를 만날 것이니라"(잠 8:17)

설교를 통해 온전한 주일성수와 십일조에 대해서는 물론 '하나님 앞에 나갈 때는 빈손으로 가지 말라(출 23:15), 기도하라' 등 하나님의 뜻을 깨달은 후에는 열심히 말씀대로 행하기 위해 노력했습니다. 죽을 수밖에 없는 저를 치료해 주시고 구원해 주신 은혜와 사랑에 감사하여 어찌하든 말씀대로 행하기 위해 힘썼던 것입니다.

이때부터 본격적으로 하나님의 의를 행하게 되는 과정이 시작되면서 제 마음에 미움이 자리잡고 있는 것을 깨닫게 되었습니다. '내가 무엇이기에 누구를 미워할 자격이 있단 말인가.'

7년간 병상에 있을 때 마음에 상처를 주었던 사람들에 대한 미움이 쌓여 있었지만 예수님께서 나를 위하여 십자가에 못박히시고 물과 피를 다 흘려 주신 사랑을 깨닫게 되면서 미움을 버리기 위해 간절히 기도하였습니다.

"너는 내게 부르짖으라 내가 네게 응답하겠고
　네가 알지 못하는 크고 비밀한 일을 네게 보이리라"

(렘 33:3)

하나님 앞에 기도하면서 상대의 입장에서 생각해 보니 '그 사람의 입장에서는 당연히 그럴 수도 있었겠구나.' 하는 마음이 들기 시작했습니다.

아무런 희망도 없는 저의 모습을 보면서 주변 사람들이 얼마나 마음 아파했을지 생각하니 모든 미움이 눈 녹듯 사라지고 어떠한 사람일지라도 중심에서 사랑할 수 있게 된 것입니다.

그 밖에도 성경을 읽어가면서 '하라, 하지 말라, 지키라, 버리라' 하신 말씀들을 명심하여 그대로 행했습니다. 노트에 버려야 할 죄성들을 조목조목 기록하여 금식하고 기도하면서 버리기 시작하였고, '이제는 버려졌구나.'라는 확신이 들면 붉은 볼펜으로 지워 나갔습니다. 결국 노트에 기록한 것이 다 지워지기까지는 만 3년의 세월이 걸렸지요.

요한일서 3장 9절에 "하나님께로서 난 자마다 죄를 짓지 아니하나니 이는 하나님의 씨가 그의 속에 거함이요 저도 범죄치 못하는 것은 하나님께로서 났음이라" 했으니 의에 주리고 목마른 자가 되어 하나님 말씀에 순종하여 행할 때 이것이 바로 하나님께 속한 사람이라는 증거가 되는 것입니다.

인자의 살을 먹고 피를 마셔야

그러면 주리고 목마른 사람이 가장 절실하게 필요로 하

는 것이 무엇일까요? 당연히 배고픔을 채워 줄 양식과 갈증을 해소시킬 음료가 어떤 값진 보석보다 귀하고 소중할 것입니다.

어느 사막의 천막에 두 명의 보석 상인이 들어섰습니다. 두 상인은 자신들이 가진 보석에 대해서 은근히 자랑하기 시작했지요. 그때 이를 지켜보던 아랍 유목민이 빙긋이 웃으며 자신의 경험담을 들려 주었습니다.

평소 보석을 무척 좋아했던 이 유목민은 사막을 횡단하는 중에 모래 바람을 만나 며칠 동안 아무것도 먹지 못하고 탈진상태에 이르렀습니다. 지친 몸을 이끌고 헤매던 중 큰 주머니를 발견하고 열어보니 주머니 안에는 평소 그가 좋아했던 진주로 가득 차 있었지요.

자신이 그토록 좋아하는 진주 꾸러미를 발견했으니 과연 기쁨으로 넘쳐났을까요? 오히려 그는 크나큰 절망감을 느껴야 했습니다. 그 당시 가장 필요했던 것은 진주가 아니라 먹을 음식과 마실 물이었기 때문입니다. 굶주려 죽고 나면 귀하고 값진 진주가 무슨 소용이 있겠습니까.

이는 영적으로도 마찬가지입니다. 요한복음 6장 55절을 보면 예수님께서 "내 살은 참된 양식이요 내 피는 참된 음료로다" 말씀하시며 "내가 진실로 진실로 너희에게 이르노니 인자의 살을 먹지 아니하고 인자의 피를 마시지 아니하면 너희 속에 생명이 없느니라"(요 6:53) 하셨지요. 곧 우리 영혼에 절실히 필요한 것은 예수님의 살과 피를 먹고 마심으로 영적인 생명을 얻고 배부른 축복을 누리게 되는 것입니다.

여기서 인자 곧 예수님의 살이란 하나님의 말씀을 뜻하며, 인자의 살을 먹는다는 것은 성경 66권에 기록된 하나님의 말씀을 마음에 양식삼는다는 의미입니다. 그리고 예수님의 피를 마신다는 것은 하나님의 말씀을 듣고 읽고 배워 양식을 삼았으면 믿음으로 기도하며 말씀대로 행하는 것을 뜻합니다.

의에 주리고 목마른 사람의 성장 과정

요한일서 2장을 보면 인자의 살과 피를 먹고 마심으로 영적인 생명을 유지하며 믿음이 성장하는 과정을 구체적으로 기록하고 있습니다.

"자녀들아 내가 너희에게 쓰는 것은
너희 죄가 그의 이름으로 말미암아 사함을 얻음이요…
아이들아 내가 너희에게 쓴 것은
너희가 아버지를 알았음이요
아비들아 내가 너희에게 쓴 것은

너희가 태초부터 계신 이를 알았음이요

청년들아 내가 너희에게 쓴 것은

너희가 강하고 하나님의 말씀이 너희 속에 거하시고

너희가 흉악한 자를 이기었음이라"

(요일 2:12-14)

갓 태어난 아이처럼 하나님을 알지 못하던 사람이 예수 그리스도를 영접하여 죄사함을 얻으면 성령을 받아 하나님의 자녀된 권세를 소유하게 됩니다.

이러한 젖먹이 때를 지나 아이의 때가 되면 하나님의 뜻을 점점 알아가지만 온전히 말씀을 지켜 행하지는 못합니다. 마치 아이들이 엄마 아빠를 알고 사랑한다 해도 아직 사고가 깊지 않기 때문에 부모의 마음을 온전히 헤아려 그 뜻대로 행하지는 못하는 것과 같지요.

그러나 영적인 아이의 때를 지나면 말씀과 기도로 무장하여 죄가 무엇이며 아버지 하나님이 원하시는 뜻이 무엇인지 분별할 줄 아는 청년의 때가 되지요. 청년들은 혈기방장하고 자기가 옳다고 주장하는 강함이 있어 실수하기 쉽지만 무엇이든 해낼 수 있다는 자신감과 목표를 성취하는 추진력이 있습니다.

영적인 청년의 때도 하나님을 사랑하고 강한 믿음이 있기에 이 세상의 헛된 것들을 취하지 않고 성령 충만하여 하늘나라에 소망을 두고 말씀을 듣는 대로 죄악을 싸워 이기는 단계입니다. 이들은 시험 환난이 와도 굽힐 줄 모르는 담대함이 있으므로 하나님의 말씀이 그 속에 거하며 흉악한 원수 마귀와 세상을 이기고 항상 승리할 수 있습니다.

자기 주장이 강한 청년의 때가 지나 장년이 되면 성숙한 어른으로서 인생의 경륜을 통해 앞뒤를 재고 좌우를 살피며 상황 판단을 잘하여 머리를 숙일 줄 아는 지혜도 얻게 됩니다. 자녀를 낳아 양육해 보아야 부모의 마음을 알 수 있다고 하듯이 영적인 아비가 되어야 비로소 근본된 하나님을 알므로 하나님의 섭리를 깨닫는 깊고 높은 차원의 믿음을 소유할 수 있습니다.

영적인 아비는 하나님의 근본과 천지 창조를 비롯한 무수한 영적인 세계의 비밀을 아는 단계입니다. 아비의 신앙은 하나님의 마음과 뜻을 알기 때문에 하나님의 마음에 맞추어 온전히 순종해 갈 수 있으므로 하나님의 사랑과 축복을 받게 됩니다. 건강, 명예, 권세, 부, 자녀의 축복 등 모든 복을 받을 수 있는 것입니다.

영적인 배부름의 축복

이처럼 하나님의 자녀로 거듭나 참된 양식과 음료를 먹고 마심으로 영적인 성장을 하는 만큼 신령한 차원에 들어갈 수 있습니다. 영적인 깊이를 더하는 만큼 원수 마귀 사단을 능히 이겨 지배하고 다스릴 수 있으며 점차 신령한 차원에 들어가 아버지 하나님의 깊은 마음까지도 알게 됩니다.

그래서 하나님과 밝히 교통하면 범사에 성령의 인도함을 받아 형통한 삶을 영위할 수 있습니다. 성령의 감동 감화 충만함을 받아 하나님과 교통하는 삶을 누리는 것, 바로 이것이 의에 주리고 목마른 사람에게 주시는 영적인 '배부름'의 축복인 것입니다.

마태복음 5장 6절에 "의에 주리고 목마른 자는 복이 있나니 저희가 배부를 것임이요" 말씀하신 대로 영적인 배부름의 축복을 받은 사람은 시험 환난을 만날 이유가 없습니다.

설령, 앞길에 장애물이 있다 해도 성령의 인도하심으로 피하게 하시고 어려움을 만난다 해도 어떻게 하면 벗어날 수 있는지 알려 주십니다. 그래서 영혼이 잘됨같이 범사가 잘되고 강건한 축복을 받으며 범사에 형통한 길로 인도받아 날마다 그 입술에 간증이 넘치는 것입니다.

이처럼 성령의 인도를 받으면 죄와 악을 깨달아 쉽게 버릴 수 있는 능력을 얻게 되니 성결을 향해 달려갈 수 있습니다. 신앙생활을 하다 보면 나름대로 성결되어 가는 과정 중에 마음 깊은 곳에 있는 것, 혹은 미세한 허물들은 발견하기 어려운 경우가 있지요. 이럴 때 성령께서 밝히 조명해 주시면 자신이 어떤 분야를 더 온전히 이루어야 하는지를 깨닫고 더 깊은 믿음의 단계로 뚫어 나갈 수 있습니다.

또한 비진리를 행하여 범죄하는 것은 아니지만 순간순간 다양한 상황 가운데서 어떻게 하는 것이 하나님을 더 기쁘시게 할지 잘 깨닫지 못하는 경우도 있습니다. 이때도 성령의 역사 가운데 하나님을 더 기쁘시게 하는 것이 무엇인지 알고 행해 나갈 때 더욱 영혼이 잘되어 가는 것입니다.

참된 양식과 참된 음료의 중요성

한 성도님은 수억이 넘는 부채 더미 속에 상실감과 패배감으로 주저앉아 있던 중, 문득 하나님께 나아가 매달려보자는 마음이 들었다고 합니다. 물에 빠진 사람이 지푸라기라도 잡으려는 심정으로 기도를 시작하며 하나님의 말씀을 사모하여 경청하게 되었지요.

출퇴근 시간을 이용하여 설교 테이프를 경청하고 매일 성경을 한 장 이상 읽으며 성구 한 절을 암송해 나가니 순간순간 하나님의 말씀이 떠올라 그 말씀대로 행해 나갈 수 있게 된 것입니다.

그렇다고 해서 당장 축복의 문이 열린 것은 아닙니다. 하나님의 뜻을 간절히 구하며 불같이 기도해 나가니 차츰 믿음이 성장하여 영혼이 잘됨은 물론이고 사업터에 축복이 임하기 시작했습니다. 얼마 지나지 않아 억대가 넘는 부채도 갚을 수 있게 되었고, 날이 갈수록 십일조가 불어나는 축복을 받고 있습니다.

이처럼 진정 의에 주리고 목마른 자가 되면 굶주리고 목마른 사람이 음식과 물을 구하는 것처럼 의를 이루고자 사모하며 행하게 됩니다. 그 결과 건강이나 물질의 축복을 받는 것은 물론, 성령의 감동 감화 충만함을 받아 하나님과 교통을 이루며 하나님의 나라를 마음껏 이룰 수 있습니다.

'나는 과연 하루 중 얼마나 하나님을 생각하고 말씀을 듣고 읽으며 묵상하는가?'

'나는 얼마나 갈급하게 하나님의 말씀대로 행하기 위해 기도하며 노력하고 있는가?'

자신을 스스로 점검해 보면서 주님께서 이 땅에 다시 오시는 그날까지 의에 주리고 목마른 자가 되어 아버지 하나님께서 채워 주시는 영적인 배부름의 축복을 마음껏 받으시기 바랍니다.

그리하여 하나님과 깊이 교통하며 만사형통한 삶을 영위하는 것은 물론, 장차 천국에서도 영광스러운 자리에 이를 수 있어야 하겠습니다.

5
· 다섯 번째 복 ·

긍휼히 여기는 자는 복이 있나니

긍휼히 여기는 자는 복이 있나니

저희가 긍휼히 여김을 받을 것임이요

| 마태복음 5:7 |

소설 '레미제라블'의 주인공 장발장은 한 조각의 빵을 훔친 죄로 19년 동안이나 감옥에 있다가 나온 뒤 숙식을 제공해 준 신부의 집에서 은촛대를 훔쳐 달아나다가 또다시 붙잡힙니다.

신부는 체포되어 온 장발장을 위해 촛대는 자신이 주었다고 증언하며 그를 위기에서 구해 주었을 뿐 아니라 오히려 "촛대 받침은 왜 가져가지 않았는가?" 하고 태연히 물음으로 형사의 의심을 누그러뜨렸지요.

이때 장발장은 참된 사랑과 용서를 배우고 새로운 삶을 살아가게 됩니다. 후일 그는 자신을 평생 괴롭히던 자벨 형사를 총살 당할 위기에서 구해 주며 "이 세상에는 바다나 땅, 하늘처럼 넓은 것이 많이 있지만 더 넓은 것은 용서라는 관대한 마음"이라고 말하는 것을 볼 수 있습니다.

상대를 긍휼히 여기는 마음

이처럼 긍휼의 마음으로 용서를 베풀 때 상대에게 감동을 줄 수 있고 변화의 역사가 나타나게 됩니다. 그러면 긍휼(矜恤)의 의미는 무엇일까요?

누가 범죄하거나 직접적으로 자신을 힘들게 한다 할지라도 중심에서 용서하며 오히려 그를 위해 기도해 주고 사랑으로 권면해 줄 수 있는 마음을 뜻합니다. 갈라디아서 5장에 나오는 성령의 아홉 가지 열매 중에서 양선의 마음과 비슷하지만, 그보다 더 깊은 차원입니다.

양선은 악이 전혀 없으며 오직 선(善)만을 추구하는 마음으로, 다투지도 들레지도 않으시는 우리 예수님의 마음을 통해 알 수 있습니다.

"그가 다투지도 아니하며 들레지도 아니하리니
아무도 길에서 그 소리를 듣지 못하리라
상한 갈대를 꺾지 아니하며
꺼져가는 심지를 끄지 아니하기를
심판하여 이길 때까지 하리니"(마 12:19-20)

상한 갈대를 꺾지 않는다는 것은 상대가 악을 행했다 해서 즉시 징벌하는 것이 아니라, 어찌하든 구원에 이르기까지 참아주는 마음을 의미합니다. 예를 들면, 예수님께서 장차 가룟 유다가 자신을 팔아넘길 것을 아셨지만 끝까지 사랑으로 권면하시며 깨우쳐 주려고 애쓰셨던 마음입니다.

또한 꺼져 가는 심지를 끄지 않는다는 것은 성령받은 하나님의 자녀들이 진리대로 살지 못한다 해서 즉시 그를 버리지 않는 것을 뜻합니다. 아직 온전치 못하여 범죄하는 사람이라 해도 어찌하든 성령으로 깨우치고 진리 가운데 변화되어 갈 수 있도록 끝까지 기다려 주며 기도하는 것입니다.

이러한 주님의 마음으로 설령 상대가 이유없이 나에게 악을 행한다 해도 이해하고 용서하며 바른 길로 인도할 수 있는 마음이 바로 긍휼입니다. 자기 입장에서 자기의 유익을 좇아 생각하는 것이 아니라 상대의 입장에서 생각하기 때문에 이해할 수 있고 긍휼을 베풀 수 있습니다.

간음한 여인을 용서하신 예수님

요한복음 8장을 보면 간음하다가 현장에서 잡힌 한 여인이 서기관들과 바리새인들에 의해 예수님 앞에 끌려 나오는 장면이 기록되어 있습니다. 그들은 예수님을 시험하고자 한 가지 질문을 던집니다.

"모세는 율법에 이러한 여자를 돌로 치라 명하였거니와 선생은 어떻게 말하겠나이까?"

이 상황을 한번 상상해 보십시오. 간음한 여인은 많은 사람들 앞에 자신의 죄가 드러나 말할 수 없는 수치심과 함께 죽음에 대한 공포로 떨고 있었을 것입니다.

악의에 찬 서기관들과 바리새인들은 두려움에 가득찬 여

인은 안중에도 없고 드디어 예수님을 올무잡게 되었다는 생각에 의기양양해 있었습니다. 주위를 둘러싼 수많은 구경꾼들 중에는 율법대로 정죄하고자 돌을 들고 서 있는 사람도 있었겠지요.

이때 예수님께서는 어떻게 하셨을까요? 조용히 몸을 굽히시고 손가락으로 바닥에 무언가를 쓰기 시작하십니다. 그곳에 있던 사람들에게 해당되는 공통적인 죄목들을 하나하나 써내려 가시다가 이내 몸을 일으켜 "너희 중에 죄 없는 자가 먼저 돌로 치라" 말씀하셨습니다.

그러자 자신들의 죄를 떠올리며 부끄러워진 유대인들은 하나, 둘씩 그 자리를 떠나고 예수님과 여인만 남았습니다. 예수님께서는 "나도 너를 정죄하지 아니하노니 가서 다시는 죄를 범치 말라" 하시며 용서를 베풀어 주십니다. 간음한 여인에게는 평생을 두고잊지 못할 사건이었을 것입니다. 이후로는 더 이상 죄를 지을 수 없었겠지요.

이처럼 긍휼히 여기는 마음은 그 모양에 따라 다양한 형태로 나타나는데, 용서의 긍휼, 징계의 긍휼, 구제의 긍휼로 구분할 수 있습니다.

한 없는 용서의 긍휼

예수님을 구세주로 영접한 사람들은 이미 하나님의 크신 긍휼을 입은 것입니다. 하나님께서 긍휼을 베풀어 주시지 않았다면 우리는 죄로 인해 지옥에 떨어져서 세세토록 고통받아야만 했습니다. 그러나 온 인류의 죄를 대속하기 위해 십자가 상에서 보혈을 흘리신 예수 그리스도를 믿음으로 말미암아 값없이 용서받고 구원을 얻을 수 있도록 긍휼을 베풀어 주셨지요.

지금도 아버지 하나님께서는 집을 나간 자녀가 돌아오기를 애타게 기다리는 부모의 심정으로 수많은 영혼들이 구원의 길로 나오기를 간절히 기다리고 계십니다.

또한 하나님의 마음을 심히 아프게 하는 사람이라 할지라도 진심으로 통회자복하고 돌아오면 "왜 나를 이렇게 서운하게 했느냐? 어찌하여 이토록 많은 죄를 지었느냐?"라고 책망하시는 것이 아니라, 오히려 사랑으로 품어 주십니다.

"너희 죄가 주홍 같을지라도 눈과 같이 희어질 것이요 진홍같이 붉을지라도 양털같이 되리라"(사 1:18) 하셨고, "동이 서에서 먼 것같이 우리 죄과를 우리에게서 멀리 옮기셨으며"(시 103:12) 말씀하신 대로 모든 죄를 용서하시고 기억지도 않으시는 것입니다.

그러므로 하나님의 긍휼을 입은 사람이라면 과거에 잘못을 범한 사람이라 해도 그가 회개하고 돌이켰다면 '저 사람은 예전에 큰 실수를 범한 적이 있지.' 하고 두고두고 기억하며 멀리하고 싫어하는 것이 아니라 용서를 베풀 수 있어야 합니다. 상대가 잘할 수 있도록 용기를 북돋워 주어야 하지요.

일만 달란트 탕감받은 종의 비유

하루는 베드로가 예수님께 용서에 대한 질문을 합니다.

"주여 형제가 내게 죄를 범하면 몇 번이나 용서하여 주리이까 일곱 번까지 하오리이까"

베드로의 생각에는 일곱 번씩이나 용서해 준다면 크게 관용을 베푼 것처럼 생각되었기에 그렇게 여쭈었던 것입니다.

예수님께서는 "일곱 번뿐 아니라 일흔 번씩 일곱 번이라도 할지니라"(마 18:22) 답변해 주십니다. 이 말씀은 일흔 번씩 일곱 번, 즉 490번만 용서해 주라는 뜻이 아닙니다. 7은 완전수로, "일흔 번씩 일곱 번"이라고 하셨으니 완전한 용서, 무한대의 용서를 베풀라는 의미입니다. 그리고 한 가지 비유를 들어 용서의 긍휼에 대해 깨우쳐 주셨습니다.

어떤 임금에게 많은 종들이 있었습니다. 그 중에 '일만 달란트'를 빚진 종이 있었는데 그에게는 갚을 힘이 없었지요. 당시 한 달란트는 6천 데나리온으로 노동자가 6천 일, 즉 16여 년간을 꼬박 일해서 모은 품삯에 해당합니다.

오늘날 하루 노동자의 품삯을 5만 원으로 계산한다면 한 달란트는 3억 원이라는 거금에 해당하는 것이지요. 그러니 일만 달란트라고 한다면 3조 원이라고 하는 어마어마한 액수입니다. 종의 신분으로 그렇게 많은 돈을 어디서 구할 수 있겠습니까.

그런데 임금이 아내와 자녀들과 모든 소유를 다 팔아서라도 빚을 갚으라고 말합니다. 빚진 종은 엎드려 절하며 "내게 참으소서 다 갚으리이다" 하고 사정하였지요. 결국 임금이 이를 불쌍히 여겨 모든 빚을 탕감해 주었습니다.

이처럼 엄청난 빚을 탕감받고 나오던 종이 자신에게 '일백 데나리온' 빚진 사람을 만나게 되었습니다. 데나리온은 로마의 화폐 단위로 일반 노동자의 하루 품삯에 해당하는 금액이었습니다. 앞서와 같이 품삯을 5만 원으로 계산할 경우 일백 데나리온은 500만 원 정도의 금액에 불과합니다. 일만 달란트에 비하면 얼마 되지 않는 돈이지요.

그런데 '일만 달란트' 탕감받은 종의 태도가 돌변하여 자신에게 빚진 사람의 목을 잡고 "빚을 갚으라!"며 독촉하는 것이 아닙니까. 게다가 자비를 구하여도 냉정하게 옥에 가두어 버렸습니다.

이러한 사실을 알게 된 임금은 심히 노하여 "악한 종아 네가 빌기에 내가 네 빚을 전부 탕감하여 주었거늘 내가 너를 불쌍히 여김과 같이 너도 네 동관(同官)을 불쌍히 여김이 마땅치 아니하냐" 하며 빚을 갚을 때까지 감옥에 가두고 말았습니다.

우리도 이와 같습니다. 죄로 인해 사망으로 갈 수밖에 없던 우리가 예수 그리스도의 사랑으로 값없이 죄사함을 받았습니다. 그런데 상대의 작은 잘못 하나를 용서하지 못하고 판단 정죄한다면 얼마나 악한 모습이겠습니까.

상대를 용서하는 큰 마음이 되어야

우리가 상대로 인해 혹 불이익을 당했다 해도 싫어하고 멀리하는 것이 아니라 용서하고 이해하며 포용할 때 많은 사람을 품을 수 있는 큰 마음의 소유자가 되는 것입니다.

긍휼의 마음이 있다면 누구를 미워하거나 감정을 품지 않습니다. 설령 상대가 하나님 앞에 합당하지 않은 일을 행한다 할지라도 징계하기보다는 먼저 사랑으로 권면할 수 있어야 합니다.

또한 권면을 할 때도 상대가 악을 행한 것이 내 생각과 기준에 맞지 않으므로 불편한 마음으로 찌르는 경우가 있는데, 이것을 사랑의 권면으로 생각하면 안 됩니다. 아무리 진리의 말씀을 인용한다 해도 사랑으로 하지 않으면 성령의 역사를 받지 못하니 상대의 마음을 변화시킬 수 없습니다.

혹 윗사람이 아랫사람에게 잘못한 것이 있을지라도 '주인들에게 순복하되 선하고 관용하는 자들에게뿐만 아니라 까다로운 사람들에게도 그리하라' 하셨으니(벧전 2:18) 오직 겸비함으로 순종하고 따라주며 사랑으로 기도할 수 있어야 합니다.

또한 아랫사람이 윗사람에게 잘못 행한 것이 있을지라도 무조건 책망하거나 화평을 깨뜨리지 않기 위해서 방관하는 것이 아니라 말씀으로 가르치고 바로 정립할 수 있도록 해주는 것도 긍휼히 여기는 행함입니다. 사랑과 긍휼의 마음으로 아랫사람을 배려하며 선으로 이끌어 줄 때 상대도 바로 설수 있는 것이고 윗사람 또한 이끌어주고 관리해 주는 사명을 잘 감당하였으니 보람으로 느낄 수 있는 것입니다.

어떠한 상황을 만난다 할지라도 상대의 입장을 이해하며

긍휼 가운데 그를 위해 생명이라도 줄 수 있는 사랑의 마음으로 기도하며 권면할 수 있어야 합니다. 이런 사랑의 마음이 될 때 필요하다면 징계를 해서라도 상대의 영혼을 진리로 이끌 수 있습니다.

사랑이 담긴 징계의 긍휼

이처럼 용서의 긍휼이 있는 반면 상황에 따라 긍휼이 징계의 형태로 나타나는 징계의 긍휼도 있습니다. 징계의 긍휼 역시 미움이나 정죄함으로 하는 것이 아니라 그 근본은 사랑에서 비롯된 것입니다.

> "주께서 그 사랑하시는 자를 징계하시고
> 그의 받으시는 아들마다 채찍질하심이니라 하였으니
> 너희가 참음은 징계를 받기 위함이라
> 하나님이 아들과 같이 너희를 대우하시나니
> 어찌 아비가 징계하지 않는 아들이 있으리요
> 징계는 다 받는 것이거늘 너희에게 없으면 사생자요
> 참아들이 아니니라"(히 12:6-8)

사랑받는 하나님의 자녀이기 때문에 징계도 따르는 것이

요, 그렇게 해서라도 죄에서 돌이켜 진리대로 행할 수 있도록 하시는 것입니다.

내 자녀가 도둑질을 했다고 가정해 보십시오. 사랑하는 자녀가 무슨 잘못을 했을 때에 이를 바로잡는 것이 사랑이라 해서 처음부터 매를 들어 때리는 부모는 드물 것입니다. 자녀가 중심에서 뉘우치며 눈물로 회개한다면 "용서해 줄 테니 다음에는 절대 그러지 말아라." 하고 따뜻하게 안아 주게 되지요.

그런데 자녀가 말로는 회개한다 하면서 계속하여 잘못을 되풀이한다면 부모된 입장에서 어떻게 해야 할까요? 힘쓰고 애써서 사랑하고 권면하는 수고를 아끼지 않아야 합니다. 그래도 듣지 않으면 마음이 아프더라도 징계의 매를 들어 마음 깊이 깨우칠 수 있도록 도와주어야 합니다. 사랑하는 자녀이기 때문에 더 이상 빗나가기 전에 징계를 해서라도 돌이키게 하는 것입니다.

자녀가 범죄한 경우

법정에 선 한 도둑이 재판을 앞두고 자신의 어머니를 볼 수 있게 해 달라고 요청했다고 합니다. 어머니를 만나자, 그는 자신이 도둑이 된 것은 모두 어머니의 탓이라고 절규했습니다. 어린 시절 다른 사람의 물건을 훔친 것을 보고도 어머니가 나무라지 않고 감싸 주셨기 때문에 이렇게 되었노라고 원망했던 것입니다.

자녀들이 잘못을 저질렀을 때 크게 혼내지 못하는 이유를 묻는다면 대부분의 부모들이 자녀를 사랑하기 때문이라고 말할 것입니다. 그러나 "초달을 차마 못하는 자는 그 자식을 미워함이라 자식을 사랑하는 자는 근실히 징계하느니라"(잠 13:24) 했습니다.

초달이란 잘못을 저질렀을 때 부모나 스승이 회초리로 볼기나 종아리를 때리는 것을 말합니다. 단지 '사랑스런 내 아이'라는 관점으로만 자녀를 바라본다면 자녀가 저지른 잘못조차도 오히려 사랑스럽게 여겨질 수 있지요. 이렇게 육적인 정 때문에 옳고 그름에 대한 분별이 흐려지고 잘못 판단하는 경우가 허다합니다.

또한 잘못된 부분이 발견되어도 이를 바로잡아 주지 못하고 무조건 감싸 주고 용납하다 보면 계속해서 잘못된 길로 빠져 들어가게 되는 것입니다.

사무엘상 2장을 보면 엘리 제사장의 두 아들 홉니와 비느하스는 하나님께 제사드릴 고기를 임의로 취했고 회막문에서 수종드는 여인과 동침하는 악을 행했습니다. 이를 안 엘리 제사장은 "내 아들아 그리 말라 내게 들리는 소문이 좋지 아니하니라" 하며 단지 말로 타이르고 맙니다. 결국 두 아들은 아버지의 말을 듣지 않고 계속 범죄하다가 비참한 죽음에 이르고 말았습니다.

평소 엘리 제사장이 아들들을 엄히 훈계하고 때로는 책망도 하며 제사장으로서 바른 길을 가도록 가르쳤다면 그렇게까지 빗나가지는 않았을 것입니다. 정도를 좇아 바르게 양육하지 못함으로 인해 돌이킬 수 없는 지경에까지 이르고 만 것이지요.

그런데 같은 징계라 해도 사랑이 없다면 긍휼이라 할 수 없습니다. 가령, 이웃집의 아이가 물건을 훔쳐갔다면 어찌하겠습니까? 선한 사람은 아이가 중심에서 용서를 빈다면 긍휼히 여겨 용서해 주지만, 그렇지 않은 사람은 자신에게 손해를 입혔으니 혈기를 내며 아이를 책망하거나 심지어 용서를 빈다 해도 끝까지 처벌을 요구하는 경우도 있습니다.

설령 처벌하지는 않는다 해도 잘못을 드러내어 전하거나 오랫동안 이를 기억하며 선입견을 가지고 바라보는 경우가 얼마나 많이 있습니까. 이러한 징계는 미움에서 나오는 것이므로 긍휼이 아닐 뿐더러 결코 상대를 변화시킬 수도 없습니다. 비록 상대가 잘못을 범했다 해도 그 사람의 입장과 장래를 생각하여 사랑으로 징계할 때라야 징계의 긍휼에 속하는 것입니다.

믿음의 형제가 범죄한 경우

성경에는 믿음의 형제가 범죄했을 경우, 진리로 권고하고 징계하는 과정에 대해 말씀하고 있습니다.

"네 형제가 죄를 범하거든 가서
너와 그 사람과만 상대하여 권고하라
만일 들으면 네가 네 형제를 얻은 것이요
만일 듣지 않거든 한두 사람을 데리고 가서
두세 증인의 입으로 말마다 증참케 하라
만일 그들의 말도 듣지 않거든 교회에 말하고
교회의 말도 듣지 않거든 이방인과 세리와 같이 여기라"

(마 18:15–17)

이처럼 믿음의 형제가 잘못을 범하는 것을 볼 때 주변 사람들에게 전하는 것이 아니라, 먼저는 당사자에게 사랑으로 권면하여 돌이키게 해야 합니다. 만일 권면을 듣지 않을 때는 그 사람이 속한 모임에서 질서상 윗분들에게 말하여 돌이키게 합니다.

그래도 듣지 않는다면 교회에 알려서 치리함으로 구원받을 수 있도록 해야 하지요. 마지막으로 교회의 말도 듣지 않는다면 믿지 않는 세상 사람들과 같이 여기는 것이 성경상의 순서입니다. 아무리 죄를 범한 영혼이라 해도 미워하지 않고 판단 정죄하지 않으며, 사랑과 긍휼을 베풀어야 우리도 하나님께 긍휼히 여김을 받을 수 있습니다.

하나님께서 원하시는 올바른 구제의 긍휼

하나님의 자녀라면 어려움 중에 있는 사람들을 돌볼 줄 아는 긍휼을 행하는 것은 너무나 당연한 일입니다. 그런데 믿음의 형제가 가난으로 고통받고 있는데 말로만 안타까워하고 행함이 없다면 긍휼이라 할 수 없습니다. 하나님께서 인정하시는 구제의 긍휼은 형제가 어려울 때 내 것을 나누어 주는 것이지요.

야고보서 2장 15-16절을 보면 "만일 형제나 자매가 헐벗고 일용할 양식이 없는데 너희 중에 누구든지 그에게 이르되 평안히 가라, 더웁게 하라, 배부르게 하라 하며 그 몸에 쓸 것을 주지 아니하면 무슨 이익이 있으리요" 했습니다.

혹자는 "마음은 간절하지만 나도 가진 것이 없는데 어떻게 도와줍니까?" 하고 변명하지요. 그러나 생활이 어렵다고 해도 자녀가 굶고 있을 때 가만히 있을 부모는 아마 없을 것입니다. 마찬가지로 믿음의 형제에게도 내 자녀와 같이 행할 수 있어야 합니다.

범죄함으로 징계를 받는 사람의 경우

우리가 긍휼을 베풀고 구제할 때 명심할 것이 있습니다. 하나님께 범죄함으로 징계를 받아서 어려움 가운데 있는 사람을 도와주어서는 안 된다는 사실입니다. 이는 스스로 어려움을 자초하는 일이지요.

요나서에 보면 하나님의 뜻에 불순종한 요나를 도와주다가 함께 어려움을 당한 사람들이 나옵니다. 북이스라엘의 여로보암 2세 때 요나라는 선지자가 있었습니다.

하루는 하나님께서 요나에게 적국의 도성인 니느웨로 가서 하나님의 경고를 전하라고 명하셨습니다. 니느웨 성에 죄악이 가득하여 하나님께서 그 성을 멸하시리라 하신 것이지요.

이때 요나는 니느웨 성 사람들이 이 소식을 듣고 돌이켜 회개한다면 멸망에서 벗어날 것을 알았습니다. 한없는 긍휼과 사랑 자체이신 하나님의 마음을 알았던 것입니다. 그렇게 되면 당시 이스라엘의 적국인 앗수르를 돕는 격이 되니 요나는 하나님의 말씀을 거역하고 다시스로 향하는 배를 탑니다.

이에 하나님께서는 큰 풍랑을 만나게 하셨고, 배에 탄 사람들은 그 풍랑이 하나님을 거역한 요나 때문인 것을 알게 되었습니다. 요나는 자신을 바다에 던지면 풍랑이 그칠 것이라 말했습니다. 하지만 사람들은 차마 그러지 못하고 어찌하든 배를 육지에 돌리고자 했는데, 이에 바다가 점점 더 흉용해졌습니다.

이러한 일을 교훈삼아 긍휼을 베푼다 해도 하나님의 징계로 어려움을 겪는 사람을 돕는다면 함께 어려움을 겪게 된다는 사실을 알아 지혜롭게 행해야 합니다.

또한 하나님 앞에 범죄한 것은 아니라 해도 육체가 강건한 사람이 게을러서 일을 하지 않으므로 어려움을 겪고 있다면 이런 사람을 도와주는 것은 옳지 않습니다. 충분히 일할 수 있는데도 하지 않고 습관적으로 도움을 요청하는 사람도 마찬가지이지요.

이런 사람을 돕는 것은 오히려 상대를 더욱 게으르고 무능한 사람으로 만드는 것과 같기 때문입니다. 하나님 보시기에 합당하지 못한 긍휼을 베푼다면 오히려 축복이 막히는 결과가 됩니다.

따라서 상대가 어렵다고 해서 무조건 구제하며 긍휼을 베풀 것이 아니라, 잘 분별하여 오히려 구제하고도 어려움을 당하는 일이 없어야 할 것입니다.

세상 사람들에게도 긍휼을 베풀어야

여기서 중요한 것은 믿음의 형제뿐만 아니라 믿지 않는 세상 사람들에게도 긍휼을 베풀 수 있어야 한다는 사실입니다.

대부분의 사람들은 부와 명예가 있는 사람과는 친분을 갖고자 하지만, 실패한 사람은 무시하며 가까이하지 않습니다. 설령 친분이 있어 처음에는 몇 번 도와준다 해도 결국 외면하고 푸대접하는 것을 볼 수 있지요. 그러나 우리는 어떠한 사람이라도 외면하거나 멸시해서는 안 되며, 상대를 나보다 낮게 여기고 따뜻한 사랑의 마음으로 대할 수 있어야 합니다.

이렇게 긍휼을 베풀 때에도 중심에서 상대의 어려움을 마음 아파하며 돕는 사람이 있는가 하면, 주위의 시선과 체면 때문에 마지 못해 돕는 경우도 있습니다. 중심을 보시는 하나님께서는 진정 사랑의 마음으로 상대를 도와주는 것을 긍휼이라 하시며 이런 사람에게 축복을 주십니다.

긍휼히 여기는 사람에게 임하는 복

그러면 긍휼을 베푸는 사람에게 하나님께서 주시는 축복은 과연 무엇일까요? 마태복음 5장 7절에 "긍휼히 여기는 자는 복이 있나니 저희가 긍휼히 여김을 받을 것임이요" 말씀하신 대로 하나님께로부터 긍휼히 여김을 받게 됩니다.

설령 자신을 힘들게 하고 피해를 입힌 사람이라 해도 용서하고 긍휼히 여긴다면, 혹 자신이 어려움을 당하게 되거나 실수로라도 상대에게 피해를 입히게 될 때 하나님께서는 긍휼히 여기시고 용서받을 수 있는 기회를 주십니다.

예수님께서 제자들에게 가르쳐 주신 주기도문에 보면 "우리가 우리에게 죄 지은 자를 사하여 준 것같이 우리 죄를 사하여 주옵시고"(마 6:12)라는 구절이 있습니다. 우리가 상대에게 긍휼을 베푸는 것이 곧 하나님께 긍휼히 여김받을 수 있는 길을 열어 놓는 것이지요.

초대교회 당시 '다비다'라는 여제자가 있었습니다(행 9:36-42). 그 당시 예루살렘에 휘몰아친 큰 핍박으로 인해 곳곳으로 흩어진 성도들은 욥바라는 항구 도시에 정착하여 신앙의

한 중심지를 이루게 되었습니다.

로마의 지배 아래 있는 어려운 상황에서도 다비다는 사도들의 전도 사역을 도우며 가난하고 불쌍한 사람들에게 많은 선과 구제를 베풀었습니다. 그런데 자신의 몸을 돌보지 않고 수고하던 다비다가 그만 병들어 죽게 된 것입니다.

평소 그녀의 도움을 받았던 사람들은 베드로 사도에게 사람을 보내어 다비다를 살려 줄 것을 청하였습니다. 그리고 베드로에게 다비다가 지어준 속옷과 겉옷을 내어 보이며 그녀의 선행을 일일이 말합니다. 결국 다비다는 베드로의 기도를 통해 다시 살아나는 놀라운 역사를 체험하게 되었습니다. 하나님의 긍휼로 생명을 연장받는 축복을 받은 것이지요.

또한 가난하고 병든 사람을 긍휼히 여길 때 하나님께서 부요하고 강건한 축복을 더해 주십니다.

저는 젊은 시절을 가난과 끝이 보이지 않는 질병으로 힘들게 보내야 했습니다. 그로 인해 어려운 사람들의 마음을 누구보다도 잘 이해할 수 있게 되었습니다. 하나님의 능력으로 모든 질병을 깨끗이 치료받은 후 30년이 넘도록 질병과 상관없이 건강하게 살아가지만 병들고 가난한 사람, 버림받고 소외된 사람들에 대한 애틋한 마음은 지울 수가 없었습니다.

그래서 교회 개척 전에는 물론이고, 개척한 후에도 어찌하든지 어려운 분들에게 미약하나마 힘이 되고 싶었지요. '풍족해지면 구제해야지.' 한 것이 아니라 크든 작든 구제에 힘썼습니다. 이를 기뻐하신 하나님께서는 개인적인 일에나 세계선교와 하나님 나라를 이루는 데에도 마음껏 드릴 수 있도록 축복해 주셨지요. 사람들에게 긍휼의 씨앗을 심으니 하나님께서 풍성한 열매로 거두게 하셨던 것입니다.

이처럼 다른 사람을 긍휼히 여기는 사람이 되면 하나님께서도 우리의 허물을 용서하시고, 부족함이 없도록 채워 주시며 연약함을 강건하게 바꾸어 주십니다. 이것이 바로 긍휼히 여기는 사람이 되었을 때 하나님께로부터 긍휼히 여김을 받는 축복이지요.

요한복음 13장 34절에 "새 계명을 너희에게 주노니 서로 사랑하라 내가 너희를 사랑한 것같이 너희도 서로 사랑하라" 말씀하셨으니 선한 긍휼의 향기로 많은 사람들에게 위로와 생명을 주며 하나님의 축복하심 가운데 풍성한 삶을 영위하시기를 바랍니다.

6 · 여섯 번째 복 ·

마음이 청결한 자는 복이 있나니

마음이 청결한 자는 복이 있나니

저희가 하나님을 볼 것임이요

| 마태복음 5:8 |

"내가 달나라에 도착하자마자 맨 처음 느낀 것은 하나님의 창조하심과 하나님의 영광스러운 임재였습니다."

1971년, 아폴로 15호를 타고 달을 탐사하고 돌아온 미국의 제임스 어윈 대령의 고백입니다. 이처럼 전 세계인을 감동시키는 유명한 말을 남겼던 그가 헝가리의 어느 대학에서 강의할 때, 한 학생이 질문을 했습니다.

"소련의 우주인들은 우주 어디에서도 하나님을 볼 수 없었다고 하는데 선생님은 왜 우주에서 하나님을 보았고 하나님의 영광을 찬양한다고 하십니까?"

어윈 대령의 대답은 누구도 반박할 여지가 없을 정도로 명료하였습니다.

"마음이 청결한 자는 하나님을 볼 수 있습니다!"

그는 달에서 18시간 동안 체류하였는데 하나님께서 창조하신 지구와 우주를 바라보면서 시편 8편을 낭송했다고 합니다.

"여호와 우리 주여
 주의 이름이 온 땅에 어찌 그리 아름다운지요
 주의 영광을 하늘 위에 두셨나이다…
 주의 손가락으로 만드신 주의 하늘과

주의 베풀어 두신 달과 별들을 내가 보오니…

여호와 우리 주여

주의 이름이 온 땅에 어찌 그리 아름다운지요"

하나님 앞에 마음이 청결한 사람

청결(淸潔)의 사전적인 의미는 '맑고 깨끗함'으로서 일반적으로 '탐욕이 없고 품행이 바르다'는 뜻을 담고 있습니다. 성경에서는 지식과 교양이 있어 겉으로만 거룩하게 행동하는 것이 아니라 마음이 거룩하고 성결한 것을 의미합니다.

마태복음 15장을 보면 예수님께서 갈릴리 지방에서 사역하실 때, 예루살렘으로부터 서기관들과 바리새인들이 찾아왔습니다.

당시 서기관과 바리새인은 전문적으로 율법을 백성들에게 가르쳤던 사람들로서 율법을 엄격히 지켰습니다. 뿐만 아니라 조상 대대로 전해온 교훈과 명령들을 세밀하게 규정해 놓은 장로의 유전까지도 철저히 지켰던 사람들입니다.

이처럼 율법과 장로의 유전에 맞추어 엄격히 자신을 절제하며 금욕적인 생활을 했기에 그들은 스스로를 거룩하다고 생각하였습니다. 그러나 그들의 마음은 악으로 가득하여 예수님의 말씀이 마음에 찔림이 되자, 예수님을 죽이려고까지 했습니다.

이러한 서기관과 바리새인들이 정해 놓은 장로의 유전 중에는 씻지 않은 손으로 음식을 먹으면 하나님 앞에 부정하다는 규정이 있었습니다.

그런데 마침 예수님의 제자들이 씻지 않은 손으로 떡을 먹는 것을 보고는 이를 시비하며 예수님께 질문합니다.

"당신의 제자들이 어찌하여 장로들의 유전을 범하나이까?"

그러자 예수님께서는 "입에 들어가는 것이 사람을 더럽게 하는 것이 아니라 입에서 나오는 그것이 사람을 더럽게 하는 것이니라"(마 15:11) 말씀하시며 겉으로만 거룩한 척 하는 그들을 꾸짖으셨습니다.

"입에서 나오는 것들은 마음에서 나오나니
이것이야말로 사람을 더럽게 하느니라
마음에서 나오는 것은 악한 생각과 살인과 간음과
음란과 도적질과 거짓 증거와 훼방이니
이런 것들이 사람을 더럽게 하는 것이요
씻지 않은 손으로 먹는 것은

사람을 더럽게 하지 못하느니라"(마 15:18-20)

예수님께서는 그들을 향하여 "회칠한 무덤"이라 책망하기도 하셨습니다(마 23:27). 이스라엘에서는 주로 굴을 무덤으로 사용했는데 대개 무덤 입구를 하얀 석회로 칠하여 단장하였지요.

그러나 무덤은 시체를 보관하는 곳으로 아무리 단장한다해도 속은 부패하여 썩은 냄새가 진동할 뿐입니다. 이처럼 겉으로는 거룩하게 행세하지만 마음은 온갖 죄악으로 가득한 서기관들과 바리새인들을 회칠한 무덤에 비유한 것입니다.

하나님께서는 우리의 겉모습뿐만 아니라 마음 중심까지 아름답기를 원하십니다. 그래서 "나의 보는 것은 사람과 같지 아니하니 사람은 외모를 보거니와 나 여호와는 중심을 보느니라"(삼상 16:7) 말씀하시며 목동 다윗을 이스라엘의 왕으로 기름 부으셨습니다.

나는 얼마나 마음이 청결한 사람인가?

우리가 전도를 하다 보면 "나는 남에게 해를 입히지 않고 착하게 살았으니 천국에 갈 것입니다."라고 말하는 사람을 간혹 만나게 됩니다. 예수 그리스도를 믿지 않아도 마음이 선하여 죄를 짓지 않았으니 천국에 갈 수 있다는 것이지요.

그러나 로마서 3장 10절에 "의인은 없나니 하나도 없으며" 말씀하신 대로 아무리 자신이 보기에는 선하게 산다 해도 진리인 하나님의 말씀에 비추어 보면 모두 허물과 죄투성이임을 깨달아야 합니다. 그런데도 자신은 남에게 피해를 입히지 않고 법을 어기지 않았으니 죄가 없다고 말하는 사람들이 있습니다.

예를 들어, 마음으로 상대를 미워하면서도 실제로 어떤 해를 가하지 않았다면 죄가 없다고 생각합니다. 하지만 하나님께서는 마음에 악한 것을 품는 것만으로도 죄라고 말씀하셨습니다.

"그 형제를 미워하는 자마다 살인하는 자니 살인하는 자마다 영생이 그 속에 거하지 아니하는 것을 너희가 아는 바라"(요일 3:15) 하셨고, "여자를 보고 음욕을 품는 자마다 마음에 이미 간음하였느니라"(마 5:28) 말씀하신 것입니다.

비록 행위로 드러나지 않았다 해도 마음에 미움이나 음욕, 탐심, 교만, 거짓, 질투, 혈기 등이 조금이라도 있다면 마음이 청결하다고 말할 수 없습니다. 그래서 마음이 청결한 사람은 허탄한 데 마음을 두지 않고 정한 마음으로 오로지 한 길을 가는 것입니다.

마음이 청결한 룻의 행함

룻이라는 이방 여인은 자녀도 없이 젊은 나이에 과부가 되었지만 끝까지 시어머니를 떠나지 않고 동고동락(同苦同樂)하였습니다. 시어머니는 친정에 돌아가라고 했지만 룻은 의지할 곳도 없고 소망도 없는 시어머니를 홀로 남겨 두고 떠날 수는 없었던 것이지요.

> "나로 어머니를 떠나며 어머니를 따르지 말고 돌아가라
> 강권하지 마옵소서 어머니께서 가시는 곳에 나도 가고 …
> 어머니의 하나님이 나의 하나님이 되시리니
> 어머니께서 죽으시는 곳에서 나도 죽어 거기 장사될 것이라
> 만일 내가 죽는 일 외에 어머니와 떠나면 여호와께서 내게
> 벌을 내리시고 더 내리시기를 원하나이다"(룻 1:16-17)

이러한 룻의 고백에는 늙은 시어머니를 자신의 생명이 다하는 날까지 봉양하며 섬기고자 하는 강한 의지와 사랑이 담겨 있습니다. 시어머니의 고향은 낯설은 이스라엘 땅이었으며 그곳에는 당장 거할 집도 없었고 살아갈 길도 막막한 상황이었습니다.

하지만 룻은 앞뒤 상황을 재거나 계산하지 않고 홀로 된

시어머니를 섬기는 길을 선택했습니다. 그리고 한 번도 자신의 선택을 후회하지 않고 한결같은 마음으로 시어머니를 섬겼습니다.

이처럼 룻은 청결한 마음을 소유하였기에 기쁨으로 자신을 희생하며 시어머니를 섬기되 변함이 없었습니다. 그 결과 하나님께서 축복하시므로 부요하고 선한 보아스를 만나 행복한 가정을 이뤘고 다윗 왕의 증조모로서 예수님의 계보에까지 오르게 되었습니다.

마음이 청결한 자에게 임하는 복

그러면 마음이 청결한 자에게는 어떠한 축복이 임하는 것일까요? 마태복음 5장 8절에 "마음이 청결한 자는 복이 있나니 저희가 하나님을 볼 것임이요" 했습니다.

우리가 사랑하는 사람과 함께한다는 것은 언제나 즐거운 일입니다. 하물며 영의 아버지가 되시고 나보다 더 나를 사랑하시는 하나님을 친히 뵈오며 그 품에 안길 수 있다면 그 행복을 무엇에 비할 수 있겠습니까.

혹자는 "사람이 어떻게 하나님을 볼 수 있나요?"라고 질문합니다. 사사기 13장 22절을 보면 삼손의 아버지 마노아가 여호와의 사자만 보고도 "우리가 하나님을 보았으니 반드시 죽으리로다" 하였고, 요한복음 1장 18절에는 "본래 하나님을 본 사람이 없으되" 말씀했지요. 성경 곳곳을 보면 하나님을 뵈올 수 없을 뿐만 아니라 심지어 하나님을 보면 죽는다고 했습니다.

그런데 출애굽기 33장 11절을 보면 "사람이 그 친구와 이야기함 같이 여호와께서는 모세와 대면하여 말씀하시며" 했습니다. 출애굽한 이스라엘 백성들이 시내산에 이르러 하나님께서 임재하셨을 때에도 그들은 죽을까 두려워하여 감히 가까이 하지 못했지만 모세는 하나님을 뵈었던 것을 볼 수 있습니다(출 20:18-19).

뿐만 아니라 창세기 5장 21-24절을 보면 에녹은 하나님과 동행하였다고 기록하고 있지요.

"에녹은 육십오 세에 므두셀라를 낳았고
  므두셀라를 낳은 후 삼백 년을 하나님과 동행하며
  자녀를 낳았으며 그가 삼백육십오 세를 향수하였더라
  에녹이 하나님과 동행하더니 하나님이
  그를 데려 가시므로 세상에 있지 아니하였더라"

하나님과 동행했다는 것은 하나님께서 직접 이 땅에 내려

오셔서 에녹과 함께 걷기도 하시며 대화를 나누셨다는 의미가 아니라, 하나님과 늘 교통하며 삶 전체를 직접 인도해 주셨다는 뜻입니다.

여기서 한 가지 알아야 할 것은 동행한다는 것과 함께한다는 것은 전혀 다르다는 사실입니다. 하나님께서 함께하신다는 것은 천사를 보내 지켜 주신다는 의미입니다. 우리가 말씀대로 살려고 노력할 때는 하나님께서 함께해 주시지만, 온전히 죄를 벗어 버리고 성결되면 동행해 주십니다. 따라서 에녹이 삼백 년간이나 하나님과 동행하였다는 사실을 볼 때 그가 얼마큼 하나님께 사랑받았는지 알 수 있습니다.

하나님을 볼 수 있는 축복

그렇다면 왜 어떤 사람은 하나님을 뵙지 못한다고 하는 반면, 어떤 사람은 대면하여 보기도 하며 친히 동행하기까지 했던 것일까요?

요한삼서 1장 11절에 "선을 행하는 자는 하나님께 속하고 악을 행하는 자는 하나님을 뵈옵지 못하였느니라" 말씀하신 대로 마음이 청결한 사람은 하나님을 뵈올 수 있지만 죄악으로 마음이 더러우면 하나님을 뵈올 수 없기 때문입니다.

초대교회 당시 복음을 전하다가 순교한 스데반 집사를

보아도 알 수 있습니다. 사도행전 7장을 보면 스데반은 예수 그리스도의 복음을 전하는 자신을 향해 돌을 던지는 사람들을 위해서도 중보의 기도를 올릴 만큼 마음에 죄가 없는 청결한 사람이었습니다. 그러니 하나님의 영광과 하나님 보좌 우편에 서신 주님을 볼 수 있었던 것입니다.

이렇게 하나님을 뵈올 수 있는 사람은 마음이 청결하므로 이후 3천층 이상의 좋은 천국에 들어가 사랑하는 주님과 아버지 하나님을 가까이 뵈오며 세세토록 행복을 누리게 됩니다.

하지만 낙원이나 1천층, 2천층에 들어가는 사람들은 주님을 가까이 뵈옵고 싶어도 그럴 수 없습니다. 얼마큼 성결되었느냐에 따라 각 사람에게서 나오는 영적인 빛이 다르고 처소 역시 다르기 때문입니다.

마음이 청결한 사람이 되는 방법

거룩하시고 온전하신 하나님께서는 겉으로 드러나는 행위는 물론, 마음 속의 죄까지도 다 벗어 버리고 청결한 마음을 갖기 원하십니다. 그래서 "내가 거룩하니 너희도 거룩할지어다"(벧전 1:16) 말씀하셨고, "하나님의 뜻은 이것이니 너희의 거룩함이라"(살전 4:3) 하셨습니다.

그러면 하나님께서 원하시는 청결한 마음을 소유하여 거

룩함을 이루기 위해서는 어떻게 해야 할까요?

　다투고 혈기내던 사람이 혈기를 버리고 온유한 사람으로 변화되어야 합니다. 교만하던 사람은 낮아지고 섬기며, 미워하는 사람은 원수까지도 사랑하는 마음으로 변화되어야 하지요. 악은 모든 모양이라도 버리고 죄를 피 흘리기까지 싸워 버려야 하는 것입니다(히 12:4).

　우리가 마음의 죄와 악을 버리고 하나님의 말씀을 듣고 지켜 행하여 진리로 채워 가는 만큼 청결한 마음이 될 수 있습니다. 만일 하나님의 말씀을 듣고도 지켜 행하지 않는다면 아무 소용이 없지요. 옷에 더러운 얼룩이 묻었는데 "더러우니 깨끗이 빨아야 되겠다." 하면서 실제로는 옷을 빨지 않는 것과 다를 바 없습니다.

　그러므로 하나님의 말씀을 듣고 마음의 더러움을 발견했다면, 스스로 버리기 위해 열심히 노력해 나가야 합니다. 물론 마음의 청결함은 사람의 힘과 의지만으로 이룰 수 있는 것은 아닙니다. 이러한 사실은 사도 바울의 고백을 통해서도 알 수 있습니다.

"내 속 사람으로는 하나님의 법을 즐거워하되
　내 지체 속에서 한 다른 법이 내 마음의 법과 싸워

내 지체 속에 있는 죄의 법 아래로

나를 사로잡아 오는 것을 보는도다

오호라 나는 곤고한 사람이로다

이 사망의 몸에서 누가 나를 건져내랴"(롬 7:22-24)

여기서 속사람은 하나님께서 주신 근본 마음을 뜻하며, 하나님의 법을 즐거워하고 하나님을 찾으려고 하는 진리의 마음입니다. 반면에 우리 안에는 죄를 행하고자 하는 비진리의 마음도 있어 사람의 힘만으로는 죄악을 버릴 수 없습니다.

예를 들어, 술과 담배를 쉽게 끊지 못하는 사람들을 보아도 알 수 있습니다. 술과 담배가 백해무익하다는 것을 알면서도 끊지 못하는 것입니다. 나름대로 '금연'을 목표로 삼고 결단해 보지만 작심삼일로 끝나기도 합니다.

해로운 줄 알지만 좋아하는 마음이 있기 때문에 차마 끊지 못하는 것이지요. 그러나 이런 사람이라 해도 위로부터 하나님의 능력을 받으면 술과 담배를 단번에 끊을 수 있다는 사실입니다.

마음에 있는 죄악도 마찬가지입니다. 디모데전서 4장 5절에 "하나님의 말씀과 기도로 거룩하여짐이니라" 말씀한 대로 하나님의 말씀을 통해 진리를 깨닫고, 불같은 기도를 통해 하나님의 은혜와 능력, 성령의 도우심을 받으면 능히 버릴 수 있습니다.

그러기 위해서는 무엇보다 하나님의 말씀대로 행하고자 하는 자신의 의지와 노력이 필요합니다. 한두 번 말씀대로 행해 보다가 그치는 것이 아니라 포기하지 않고 변화될 때까지 기도하며 때를 좇아 금식도 하면서 노력해 나가면 결국 모든 죄를 온전히 벗어 버리고 청결한 마음을 이룰 수 있습니다.

마음이 청결하면 하나님의 응답과 축복을 받아

마음이 청결한 자의 복은 단순히 아버지 하나님의 형상을 본다는 의미가 아닙니다. 하나님께 간구하여 마음의 소원을 응답받고 하나님을 만나고 체험하는 모든 분야가 다 포함되어 있습니다.

예레미야 29장 12-13절에 "너희는 내게 부르짖으며 와서 내게 기도하면 내가 너희를 들을 것이요 너희가 전심으로 나를 찾고 찾으면 나를 만나리라" 말씀하신 대로 부르짖는 간절한 기도를 통해 응답받아 삶 속에 간증이 넘쳐나게 되는 것입니다.

그런데 어떤 사람은 하나님을 막 영접해서 진리 안에 살지 못하는데도 마음의 소원을 응답받는 경우가 있습니다. 아직 마음의 청결을 온전히 이루지는 못했다 해도 이룬 정도만큼은 하나님을 만나고 체험하는 것입니다.

마치 어린 자녀가 특별히 사랑스런 행동을 하거나 칭찬받을 만한 일을 했을 때 부모님이 자녀의 소원을 들어 주는 것과 같습니다. 이처럼 아직 온전히 청결한 마음을 이루지 못했다 해도 그 믿음의 분량대로 아버지 하나님을 기쁘시게 하는 만큼 크고 작은 마음의 소원들을 응답받는 것이지요.

저는 하나님을 만나 모든 질병을 단번에 치료받고 건강을 되찾은 뒤 일자리를 찾게 되었습니다. 그러나 아무리 경제적으로 좋은 조건을 제시하여도 주일 성수와 신앙생활을 제대로 할 수 없는 직장이라면 아예 마음에 두지 않았습니다. 하나님 앞에서 정도를 좇아 깨끗한 마음으로 행하려고 최선을 다했던 것입니다.

이러한 마음을 기뻐하신 하나님께서는 작은 책가게를 운영할 수 있도록 인도해 주셨습니다. 가게가 제법 잘되어 큰 가게로 옮기려고 하던 중 마침 적합한 가게가 나왔다는 소식을 들었습니다. 계약을 하기 위해 찾아갔더니 저희 가게 때문에 매상이 오르지 않아 손해를 보았다며 계약을 해 주지 않았지요. 안타깝게 포기해야 했지만, 상대의 입장이 되니 오히려 미안한 생각이 들어 그분을 위해 중심에서 축복의 기도를 하였습니다.

그런데 나중에 알고 보니 계약을 하려던 그 가게 앞에 대형 책가게가 생길 예정이었던 것입니다. 그 가게 같은 작은 규모로는 경쟁 상대가 되지 않았지요. 모든 것을 합력하여 선을 이루어 주시는 하나님께서 미리 앞일을 알고 막아 주셨던 것입니다.

그 후 새로운 가게를 얻었는데 불량한 학생들은 받지 않았고 가게 안에서는 술과 담배를 못하게 했으며, 손님이 가장 많은 일요일에는 주일을 지키기 위해 문을 닫았습니다. 사람의 생각으로는 잘될 수가 없는데도 오히려 손님이 늘어나고 수입이 오르니 누가 보아도 하나님의 축복임을 인정할 수밖에 없었습니다.

또한 신앙생활을 하다 보면 방언이나 각종 성령의 은사들을 받아 하나님의 살아 계심을 체험하기도 하는데, 이 모든 것이 부분적으로나마 '하나님을 볼 수 있는' 축복을 받은 것입니다.

"어떤 이에게는 한 성령으로 병 고치는 은사를,
어떤 이에게는 능력 행함을, 어떤 이에게는 예언함을,

어떤 이에게는 영들 분별함을,

다른 이에게는 각종 방언 말함을,

어떤 이에게는 방언들 통역함을 주시나니

이 모든 일은 같은 한 성령이 행하사

그 뜻대로 각 사람에게 나눠 주시느니라"(고전 12:9-11)

여기서 우리가 명심해야 할 것은 하나님을 정녕 사랑하는 사람이라면 어린아이 같은 믿음에 만족해서는 안 된다는 사실입니다. 최선을 다해 마음의 악을 벗어 버리고 신속하게 성결되어 아버지 하나님의 마음을 깨닫는 장성한 믿음의 자녀들로 나와야 하는 것입니다.

고린도후서 7장 1절에 "그런즉 사랑하는 자들아 이 약속을 가진 우리가 하나님을 두려워하는 가운데서 거룩함을 온전히 이루어 육과 영의 온갖 더러운 것에서 자신을 깨끗케 하자" 하셨으니 마음의 모든 더러움을 벗어 버리고 거룩함을 온전히 이루어야 하겠습니다.

그리하여 마치 시냇가에 심은 나무가 가뭄이 와도 마르지 않고 풍성한 열매를 맺는 것처럼 구하는 것마다 응답받아 만사형통함을 입을 뿐만 아니라 영원한 하늘나라에서도 하나님을 친히 뵈올 수 있기를 바랍니다.

화평케 하는 자는 복이 있나니

화평케 하는 자는 복이 있나니

저희가 하나님의 아들이라 일컬음을 받을 것임이요

| 마태복음 5:9|

국경을 인접하고 있는 나라들은 자국의 이익을 다투다가 각종 분쟁이 발생하거나 전쟁도 불사하곤 합니다. 그런데 세계의 많은 나라들 중에 국경을 인접하고 있으면서도 유독 오랜 세월 동안 평화를 유지하고 있는 두 나라가 있습니다. 바로 남미의 아르헨티나와 칠레가 그 경우입니다.

오래 전, 두 나라는 국경 분쟁으로 전쟁의 위기를 맞은 적이 있는데 그때 양국의 종교 지도자들은 '사랑만이 양국의 평화를 유지하는 길'이라며 국민들에게 간절히 호소하였습니다. 국민들은 이들의 말을 받아들여 양국의 국경에 "그는 우리의 화평이신지라 둘로 하나를 만드사"(엡 2:14)라는 성구를 새기고 평화를 선택하였다고 합니다.

이처럼 나라 사이가 화목해지거나 마음이 평안한 것을 '화평'이라고 하는데 하나님께서 말씀하시는 영적인 의미의 화평은 그렇지 않습니다. 상대를 위해 자신을 희생하고 섬기는 것이며 자신을 낮추고 상대를 높이는 마음이기 때문에 무례히 행치 않고 설령 내가 옳다 하더라도 비진리가 아니면 상대에게 맞추어 줍니다.

모든 사람의 유익을 좇으며 나를 드러내지 않고 상대를 먼저 생각해 주고 맞추어 주는 마음이며, 편벽됨이 없고 진리 안에서 양면성이 있는 마음입니다. 이처럼 화평케 하는 사람이 되려면 나 자신을 희생하는 것이 필요합니다. 그러므로 상대를 위해 자신을 희생하되 생명까지 내어 주는 것이 바로 영적인 의미의 화평함이지요.

자신을 희생하여 화평케 하신 예수님

원래 하나님께서 첫사람 아담을 창조하실 때는 생령으로 모든 만물을 다스리는 권세를 누렸습니다. 그러나 하나님께서 금하신 선악과를 따먹음으로 죄가 들어오자, 아담과 그의 후손들은 모두 죄인이 되어 하나님과의 사이에 죄의 담으로 막히게 되었습니다. '악한 행실로 멀리 떠나 마음으로 원수가 되었다.'(골 1:21)는 말씀처럼 죄로 인해 하나님과 원수가 되었지요.

하나님의 아들이신 예수님께서는 아담 이후 죄인된 인류를 위하여 친히 화목제물이 되어 주심으로 대신 십자가에 달려 죽으시고 하나님과 모든 인류 사이에 막혔던 죄의 담을 헐어 화평케 하셨습니다.

그러면 혹자는 "아담 한 사람의 범죄로 인해 왜 온 인류가 죄인이 되어야 합니까?" 하고 질문할 수 있습니다. 이는 과거 노예제도가 존재했던 시절에 한번 노예가 되면 자손에 이르기까지 대대로 노예의 멍에를 짊어져야 했던 것과 같습니다.

"너희 자신을 종으로 드려 누구에게 순종하든지 그 순종함을 받는 자의 종이 되는 줄을 너희가 알지 못하느냐 혹은 죄의 종으로 사망에 이르고 혹은 순종의 종으로 의에 이르느니라"(롬 6:16) 말씀하신 대로 아담이 원수 마귀에게 순종하여 죄를 범함으로 모든 사람이 죄인이 된 것입니다.

이처럼 죄로 인해 원수된 모든 인류와 하나님 사이에 화평을 이루시고자 죄 없으신 예수님께서 십자가에 달려 주셨습니다. "그의 십자가의 피로 화평을 이루사 만물 곧 땅에 있는 것들이나 하늘에 있는 것들을 그로 말미암아 자기와 화목케 되기를 기뻐하심이라"(골 1:20) 말씀하신 대로 친히 화목제물이 되신 예수님께서 우리의 죄를 사하심으로 하나님과 화평이 이루어진 것입니다.

나는 얼마나 화평케 하는 사람인가?

예수님께서 육신을 입고 이 땅에 오셔서 화평케 하는 직책을 감당하셨던 것처럼 하나님께서는 우리도 화평하기를 원하십니다. 물론 하나님을 믿고 진리를 배우게 되면 악한 의도로 화평을 깨는 일은 별로 없습니다. 그러나 내가 옳다고 하는 자기 의가 남아 있는 한 자신도 모르는 사이에 화평을 깰 수도 있다는 사실입니다.

이는 다른 사람들과 함께 있을 때 내가 다른 사람들에게 맞추어 주는가, 아니면 다른 사람들이 나에게 맞추어 주는가를 점검해 보면 쉽게 알 수 있습니다. 예를 들어, 부부 사이에 아내는 음식을 싱겁게 먹는 반면 남편은 짜게 먹는다고 생각해 보십시오.

아내가 음식을 싱겁게 먹어야 건강에 좋다고 알려 주는데도 남편은 짜게 먹으니 이해가 되지 않습니다. 남편의 입장에서는 한번 길들여진 입맛을 단번에 바꾸기가 쉽지 않습니다. 이때 아내가 자신이 옳으니 무조건 따르라고만 주장한다면 다툼이 일어날 수도 있습니다. 그러니 화평하려면 최대한 상대를 이해시키고 배려하며 조금씩 개선해 가야 하는 것입니다.

이처럼 우리 주변을 살펴보면 사소한 일인데도 내가 옳다고 생각하는 자기 의(義)로 인해 화평이 깨어지는 경우를 흔히 볼 수 있습니다. 그러므로 우리는 우선 '상대의 유익을 구하기보다는 내 유익을 먼저 구하지 않는가?', '내 생각이 옳고 진리이기 때문에 상대가 힘들어하는 것을 알면서도 끝까지 관철시키지 않았는가?' 돌아보아야 합니다. 또한 '내가 연장자이고 윗사람이므로 아랫사람이 무조건 순종해 주기를 바라지는 않았는가?' 점검해 보아야 하지요.

그럴 때 자신이 얼마나 화평케 하는 사람인지 어느 정도 알 수 있다는 사실입니다. 일반적으로 사람들은 자신에게 잘해 주는 사람과는 화평을 이루기가 쉽습니다. 그러나 하나님께서는 '모든 사람과 더불어 화평함과 거룩함을 좇으라' 말씀하셨습니다.

"모든 사람으로 더불어 화평함과 거룩함을 좇으라
   이것이 없이는 아무도 주를 보지 못하리라"(히 12:14)

나를 싫어하는 사람, 미워하는 사람, 괴롭게 하는 사람이라 할지라도 화평할 수 있어야 한다는 것입니다. 아무리 자신이 옳은 것 같다 해도 나로 인해 상대가 불편해하거나 힘들어한다면 하나님 앞에 합당하지 않음을 깨달아야 합니다. 그러면 어떻게 해야 모든 사람과 더불어 화평을 이룰 수 있을까요?

무엇보다 먼저 하나님과 화평을 이루어야

우선 하나님과 화평을 이루어야 합니다. 이사야 59장 1-2절을 보면 "여호와의 손이 짧아 구원치 못하심도 아니요 귀가 둔하여 듣지 못하심도 아니라 오직 너희 죄악이 너희와 너희 하나님 사이를 내었고 너희 죄가 그 얼굴을 가리워서 너희를 듣지 않으시게 함이니" 말씀하신 대로 우리가 죄를 짓게 되면 마치 담이 가로막는 것처럼 하나님과 죄의 담으로 막히게 됩니다. 따라서 하나님과 화평을 이룬다는 것은 하나님과 나 사이에 죄로 인해 담이 없음을 의미하지요.

우리가 예수 그리스도를 영접하면 보혈의 공로로 지금까지의 모든 죄를 용서받게 되는데(엡 1:7), 이로 인해 하나님과 가로막혔던 죄의 담이 허물어짐으로 화평이 이루어집니다. 그런데 죄를 사함받은 후 여전히 죄를 지어 나간다면 또다시 죄의 담이 생기게 된다는 사실을 명심해야 합니다.

성경을 상고해 보면 인생의 갖가지 문제들이 죄로 인한 것임을 알 수 있습니다. 마태복음 9장에 예수님께서 중풍병자를 고쳐 주실 때에 먼저 죄사함을 주셨던 것도 이 때문이며, 38년 된 병자를 고쳐 주신 후에도 "보라 네가 나았으니 더 심한 것이 생기지 않게 다시는 죄를 범치 말라"(요 5:14) 말씀하신 것입니다.

그러므로 죄의 문제를 회개하고 돌이켜 하나님의 말씀대로 살아갈 때 하나님과 화평을 이루고 하나님의 자녀로서 축복받을 수 있습니다. 질병의 문제가 있다면 치료받아 강건해지고 물질의 어려움이 있다면 해결받아 부요해지는 등 마음의 소원들을 응답받게 되는 것이지요.

다음으로는 자기 자신과 화평을 이루어야

우리의 마음 안에 미움, 시기, 질투 등 악이 있는 이상은 환경과 조건에 따라 요동하게 되므로 스스로 고통받게 되고 평안할 수가 없습니다.

흔히 쓰는 말 중에 "사촌이 땅을 사면 배가 아프다."는 말이 있는데, 이는 남이 잘되는 것을 싫어하는 시기의 마음 때문에 스스로 고통받는 것이지요. 이처럼 시기, 질투, 교만, 다툼, 간음 등 마음에 악이 있는 한 평안을 누릴 수 없을 뿐만 아니라 내 안에 계신 성령께서 탄식하시니 마음이 곤고하게 됩니다.

그러므로 자기 자신과 화평을 이루기 위해서는 마음의 악을 벗어 버림으로 성령의 소욕을 좇아 나가야 합니다.

우리가 예수 그리스도를 영접하여 하나님과 화평을 이루게 되면 하나님께서는 우리의 마음 안에 성령을 선물로 보내주십니다(행 2:38). 하나님의 마음이신 성령께서는 하나님을 아버지라 부르게 하시며 죄와 의와 심판에 대해 깨우쳐 주시는 것을 볼 수 있습니다. 그래서 하나님의 자녀들은 하나님의 말씀대로 살면서 성령의 인도를 받게 됩니다.

이러한 성령의 도우심 속에 하나님의 말씀대로 행해 나감으로 성령의 소욕을 좇을 때 우리의 마음 가운데 거하시는 성령께서 기뻐하시니 마음이 평안해지고, 자기 자신과 화평을 이룰 수 있습니다.

더 나아가 온전히 마음의 악을 벗어 버리는 만큼 죄와의 싸움이 그치니 자기 자신과도 온전히 화평을 이루게 됩니다. 이렇게 자신과의 화평함이 이루어진 후에야 다른 사람들과도 참된 화평을 이룰 수 있습니다.

사람과 사람 사이의 화평을 이루려면

간혹 교회에서 직분을 맡아 사명을 감당하면서 너무나 하나님을 사랑하고 뜨거운 마음으로 헌신하지만 믿음의 형제들과 화평을 이루지 못하는 사람들을 보게 됩니다.

'이렇게 하는 것이 하나님의 나라에 더 유익하겠다.' 생각하면 다른 사람의 의견은 들어보지도 않은 채 열정적으로 일을 추진해 나가는 것입니다. 그러다 보면 불편한 마음을 갖거나 반대하는 사람들이 생기게 마련입니다.

이때 뜨거운 마음 가운데 화평함을 온전히 이루지 못한 사람은 하나님의 나라에 좋은 일이라면 몇몇 사람이 불편하더라도 감수해야 한다고 생각합니다. 다소 반대의 의견이나 불편한 사람이 있다 해도 크게 개의치 않는 것입니다.

하지만 양선의 마음이 있는 사람은 주변 사람들의 마음을 두루 살핌으로 화평을 좇아 감싸 주고 포용하므로 많은 사람이 깃들이는 것을 볼 수 있습니다.

양선의 마음이란 선을 추구하는 진리의 마음이요 어질고 착한 마음이며, 또한 나보다 남을 낮게 여기고 상대를 돌아볼 줄 아는 마음입니다(빌 2:3-5). 마태복음 12장 19-20절에 "그가 다투지도 아니하며 들레지도 아니하리니 아무도 길에서 그 소리를 듣지 못하리라 상한 갈대를 꺾지 아니하며 꺼져 가는 심지를 끄지 아니하기를 심판하여 이길 때까지 하리니" 하셨던 예수 그리스도의 마음이지요.

이러한 양선의 마음이 있다면 사람들과 다투지 않으며 자랑하거나 높아지려고 하지 않습니다. 상한 갈대나 꺼져 가는 심지와 같이 심히 악한 사람, 믿음이 연약한 사람이라도 사랑하며 어찌하든 잘되기를 바라는 마음으로 품어 주지요.

예를 들어, 맏형이 부모님을 사랑함으로 좋은 선물을 사다 드리면서 그렇게 하지 못하는 동생들을 야단치고 힘들게 한다면 부모님의 마음이 어떻겠습니까. 아마도 값비싸고 좋은 선물보다 동생들의 마음을 아프게 하지 않고 형제간에 우애하는 것을 더 원할 것입니다.

마찬가지로 하나님께서는 일을 크게 이루는 것보다 먼저 하나님의 마음을 알고 그 마음을 닮기 원하십니다. 비진리가 아니라면 상대의 연약한 믿음도 고려하여 화평을 좇아가는 것이 더 합당한 것이지요.

저는 교회를 치리해 가면서 비록 열매를 내지 못하는 주의 종이나 일꾼이 있을지라도 마음에서 추호도 불편해 한 적이 없습니다. 능력을 받아서 그 일을 잘 감당해 낼 때까지 믿음으로 바라보며 인내하고 기다려 주었지요. 저의 입장만 내세운다면 "내년에는 다른 사명을 감당하시면서 더 능력을 받은 후에 다시 감당하시는 것이 어떻겠습니까?" 하며 권유해 볼 수도 있을 것입니다.

그러나 혹여라도 힘을 잃고 낙심해 버리는 사람이 있을까 하여 그리하지 않았던 것입니다. 이처럼 누구를 대하든지 상한 갈대도 꺾지 아니하고 꺼져가는 심지도 끄지 않는 양선의 마음을 가질 때 모든 사람과 더불어 화평을 이룰 수 있습니다.

자신의 희생을 통한 화평함

요한복음 12장 24절에 "한 알의 밀이 땅에 떨어져 죽지 아니하면 한 알 그대로 있고 죽으면 많은 열매를 맺느니라" 말씀하신 대로 모든 분야에서 자신을 온전히 희생할 때 화평을 이루고 풍성한 열매를 거두게 됩니다. 곧 씨앗이 땅에 떨어져 썩어지고 죽어질 때 비로소 싹이 나고 자라 많은 열매를 거두게 되는 것이지요.

우리 예수님께서는 어떠하셨습니까? 죄인된 인류를 위해 십자가에 못박혀 죽으시기까지 자신을 온전히 희생하심으로 우리에게 구원의 길을 열어 주시고 수많은 하나님의 자녀를 얻으셨습니다. 이처럼 우리도 가정과 일터, 교회 등 자신이 속해 있는 모든 분야에서 먼저 희생하고 섬겨 줄 때 아름다운 화평의 열매를 맺을 수 있는 것입니다.

사람들은 저마다 믿음의 분량이 다르고(롬 12:3) 자기 의가 다르며 생각이 다릅니다. 타고난 성품과 교육받은 정도가 다르고 자라온 환경이 다르기 때문에 옳다 생각하는 기준이나 좋아하는 것도 다르지요. 이렇게 사람마다 기준이 다른데 서로 자기가 원하는 것을 주장하고 고집한다면 결코 화평이 이루어질 수 없습니다. 내가 옳다 해도, 상대로 인해 조금 불편하다 해도 희생할 수 있을 때라야 화평을 이룰 수 있는 것입니다.

만일 생활습관이 전혀 다른 두 자매가 한 방에서 생활한다고 가정해 보십시오.

언니는 깔끔한 것을 좋아하는데 비해 동생은 정돈을 잘하지 않는다고 합시다. 깨끗한 것을 좋아하는 언니는 동생을 변화시키려고 좋은 말로 타이릅니다. 한두 번 말해도 고쳐지지 않을 때는 짜증이 나고 감정이 상하여 어떤 식으로든지 기분 나쁜 표시를 하게 되지요. 결국 다툼이 일어나게 됩니다.

이때 분명 누가 보더라도 깨끗한 것이 좋지만 상대가 그렇지 못하다고 해서 감정이 상하거나 상처를 주는 말로 다툼이 생긴다면 그 또한 옳지 않습니다. 비록 불편하더라도 대신 치워 주고 사랑의 마음으로 상대가 변화될 때까지 기다려 주어 화평을 이루는 것이 더 아름다운 것입니다.

중국 노나라에 민손이라는 사람이 있었습니다. 그는 어릴 때 어머니를 여의고 새어머니를 모시게 되었는데 새어머니에게는 어린 두 명의 아들이 있었습니다. 그런데 새어머니가 민손은 학대하고 자신의 소생의 아들들만 좋은 것으로 입히고 먹이는 것이었습니다. 그래서 민손은 겨울에도 갈대꽃으로 지어진 옷을 입고 추위에 떨어야 했지요.

어느 추운 겨울 날, 아버지가 끄는 수레를 밀고 있던 민손은 어찌나 추웠던지 수레에까지 떨림이 전해졌습니다. 민손의 떨림을 이상하게 여긴 아버지는 그의 옷을 만져보고서야 비로소 아들이 갈대꽃으로 만든 옷을 입고 있다는 사실을 알게 되었습니다.

"이 추위에 갈대 옷을 입히다니!"

몹시 화가 난 아버지가 당장 새어머니를 내보내려고 하자 민손은 간곡히 아버지를 만류하였습니다.

"아버지, 진정하세요. 어머니가 계시면 한 아들만 추우면 되지만 어머니가 나가시면 세 아들이 모두 춥습니다."

민손의 이 말에 감동한 새어머니는 눈물을 흘리며 자신의 잘못을 뉘우쳤고 이후 화평한 가정이 되었다고 합니다.

이처럼 솜털과 같이 마음이 온유하여 어느 누구와도 걸림이 없고 다툼이 없는 사람은 어디를 가나 환영을 받고 사랑받게 됩니다. 곧 화평을 이루는 사람으로서, 이러한 사람은 상대를 위해 자신을 희생하되 생명까지도 내어줄 수 있습니다.

아브라함의 화평케 하는 행함

대부분의 사람들이 화평을 이루며 살아가기 원하지만, 정작 화평을 이루지 못하는 것은 자신의 유익을 구하기 때문입니다.

그러나 자신의 유익을 구하지 않으면 당장 손해를 보는

것 같아도 믿음의 눈으로 보면 그렇지 않습니다. 하나님의 뜻을 좇아 상대의 유익을 구할 때 하나님께서 응답과 축복으로 갚아 주시는 것을 볼 수 있습니다.

창세기 13장을 보면 아브라함과 그의 조카 롯이 나옵니다. 일찍 아버지를 여읜 롯은 아브라함을 아버지와 같이 믿고 따랐습니다. 그 결과 하나님의 사랑받는 아브라함이 축복을 받자 더불어 복을 받게 되었지요. 그 소유가 얼마나 많았던지 은금뿐만 아니라 많은 육축으로 인해 물이 부족하여 두 사람의 가축을 돌보는 목자들 사이에 다툼이 생길 정도였습니다.

결국 가족 간에 다툼을 막기 위해 아브라함은 거처를 나눌 것을 결심하기에 이르지요. 이때 이브라함은 롯에게 먼저 좋은 땅을 택할 수 있는 선택권을 줍니다.

"네 앞에 온 땅이 있지 아니하냐 나를 떠나라

　네가 좌하면 나는 우하고

　네가 우하면 나는 좌하리라"(창 13:9)

이에 롯은 물이 넉넉하고 기름진 요단 들을 택하여 떠납니다. 아브라함의 입장에서는 자신으로 인해 롯이 축복을 받았을 뿐만 아니라 가족의 질서로 보아도 자신이 삼촌이고 윗사람이니 먼저 땅을 선택할 수 있었습니다. 또 형식적으로 롯에게 우선권을 준 것이라면 사양은커녕 자신의 유익을 좇아 좋은 땅을 택하여 떠나는 롯이 괘씸했겠지요.

그러나 아브라함은 마음 중심에서 조카가 더 좋은 땅을 택하기 원했기에 롯과도 화평을 좇을 수 있었고, 결과적으로 하나님께 더욱 큰 축복을 받았던 것을 볼 수 있습니다.

"너는 눈을 들어 너 있는 곳에서 동서남북을 바라보라
보이는 땅을 내가 너와 네 자손에게 주리니 영원히 이르리라
내가 네 자손으로 땅의 티끌같게 하리니
사람이 땅의 티끌을 능히 셀 수 있을진대 네 자손도 세리라
너는 일어나 그 땅을 종과 횡으로 행하여 보라
내가 그것을 네게 주리라"(창 13:14-17)

이후 아브라함의 재산과 권세가 얼마나 대단했던지 주변 나라의 왕들로부터 존중을 받았으며, 그의 선한 마음으로 인해 하나님께 벗이라는 칭함까지 얻은 것을 볼 수 있습니다.

이처럼 범사에 상대의 유익을 구하는 사람은 나 보기에 좋은 것이 아니라 상대의 마음을 헤아려 맞추어 주게 됩니다. 오른편 뺨을 때리면 왼편도 대어 주며, 속옷을 가지고자

하는 이에게 겉옷까지도 내어 줄 수 있고, 억지로 오 리를 가자고 한다면 십 리까지도 동행해 줄 수 있는 마음이지요(마 5:39-41).

또한 예수님께서 자신을 십자가에 못박은 사람들을 위해 중보 기도를 하셨던 것처럼 원수를 사랑하며 핍박하는 자를 위하여 오히려 축복의 기도를 해 줄 수 있습니다. 이렇게 마음 중심에서 자신을 희생하고 상대의 유익을 구해 줄 때 비로소 화평이 이루어지는 것입니다.

반드시 진리 안에서 화평을 이루어야

한 가지 주의해야 할 것은 화평하기 위해 오래 참고 상대의 허물을 덮어 주는 것과 아예 상관하기 싫어서 모른 척하는 것과는 다르다는 사실입니다. 상대가 죄를 범하는데도 그냥 내버려 두거나 타협하라는 것은 아니지요. 모든 사람과 더불어 화평함을 이루되 반드시 진리 안에서 화평을 이루어야 하는 것입니다.

예를 들어, 믿지 않는 가족이 우상 앞에 절을 하라고 하거나 직장 동료들이 회식자리에서 술을 권한다면 하나님의 말씀에 위배되므로(출 20:4-5, 엡 5:18) 단호히 거절하고 하나님께서 기뻐하시는 길을 택해야 합니다.

다만 방법에 있어서는 지혜롭게 해야 하는 것이지요. 상대의 마음이 상하지 않게 평소에 잘 섬기고 성실히 일하여 마음을 얻은 후 온유한 마음으로 설득하고 이해를 구해야 하는 것입니다.

저희 교회의 한 자매님의 간증입니다. 회사에 처음 입사한 후, 한동안 직장 동료들과 마찰이 있었다고 합니다. 동료들은 주일이면 야유회나 각종 모임에 함께하기를 원하는데, 자매님은 무슨 일이 있어도 주일성수 하기를 원하는 마음이었기 때문입니다.

회사 동료들과 선배들이 의도적으로 소외시키기도 했지만, 이에 아랑곳하지 않고 자매님은 더욱 성실하게 업무를 감당하며 직원들의 잔심부름까지도 자원해서 해 주었습니다. 이렇게 그리스도의 향기를 발하는 모습을 본 직장 동료들이 감동을 받아 지금은 주일을 피하여 모임을 갖고, 결혼식까지도 토요일로 잡을 정도로 배려해 준다고 합니다.

하나님의 아들이라 일컬음을 받는 축복

마태복음 5장 9절에 "화평케 하는 자는 복이 있나니 저희가 하나님의 아들이라 일컬음을 받을 것임이요" 했는데 하나님의 아들이라는 것이 얼마나 큰 축복일까요?

여기서 '아들'이란 단지 남자만을 뜻하는 것이 아니라 모든 하나님의 자녀를 지칭합니다. 그런데 갈라디아서 3장 26절에도 "너희가 다 믿음으로 말미암아 그리스도 예수 안에서 하나님의 아들이 되었으니" 말씀하신 것처럼 단순히 구원받은 하나님의 자녀로서의 차원을 넘어 더 깊은 영적인 의미를 담고 있습니다. 즉 하나님께서 인정하시는 참된 자녀를 의미하는 것이지요.

예수님을 구세주로 영접하고 믿음을 소유한 사람들은 모두 하나님의 자녀입니다. 요한복음 1장 12절에 "영접하는 자 곧 그 이름을 믿는 자들에게는 하나님의 자녀가 되는 권세를 주셨으니" 말씀하셨습니다. 그러나 구원받아 하나님의 자녀가 되었다 해도 모든 사람이 다 똑같은 것은 아닙니다.

예를 들어, 자녀가 여럿 있다면 그 중에는 부모의 마음을 알아서 편케 해 드리는 자녀가 있는가 하면, 말썽만 부리는 자녀도 있습니다. 이와 같이 하나님 편에서도 신속하게 마음의 악을 벗어 버리고 오직 말씀대로 순종하는 자녀가 있는가 하면, 하나님을 믿는다고는 하지만 오랜 세월이 지나도 변화되지 못하고 불순종만 거듭하는 자녀도 있는 것입니다.

이때 하나님께서는 어떤 자녀를 더 합당하게 여기시겠습니까? 당연히 주님을 닮아 마음이 정결하고 말씀대로 순종하는 자녀일 것입니다. 그래서 창세기 17장 1절을 보면 "나는 전능한 하나님이라 너는 내 앞에서 행하여 완전하라" 말씀하시며 하나님의 자녀들이 성결되어 완전히 행하는 참자녀가 되기를 원하셨습니다.

우리가 진정 하나님의 아들이라 일컬음을 받기 위해서는 구세주가 되신 예수님의 형상을 본받아야 합니다(롬 8:29). 하나님의 아들이신 예수님께서는 인류의 죄를 대속하시기 위해 십자가에 달려 죽기까지 자신을 희생하심으로 화평케 하는 직책을 감당하셨습니다.

이처럼 화목제물이 되셨던 예수님을 본받아 범사에 자신을 희생하고 화평함을 좇을 때 우리도 하나님의 아들이라 칭함받을 수 있으며 예수님께서 누리셨던 영적인 권세와 능력을 함께 누릴 수 있습니다(마 10:1).

우리가 하나님의 아들이라 일컬음을 받게 되면 예수님께서 각색 질병들을 고치시고 귀신을 좇아내시며 죽은 자를 살리셨던 것처럼 암, 에이즈, 백혈병 등 온갖 불치, 난치병들을 치료하게 됩니다. 뿐만 아니라 앉은뱅이, 소경, 귀머거리, 벙어리, 소아마비 등도 온전케 되니 보이지 않던 눈이 보이고 목발과 휠체어를 버리며 죽은 자가 살아나기도 하는 것이지요.

또한 원수 마귀가 두려워 떠니 귀신이나 어두움의 세력에 사로잡힌 사람들도 온전케 됩니다(막 16:17-18). 시공간을 초월하여 치료의 역사가 베풀어지고 손수건이나 몸에 지녔던 물건을 통해서도 치료되는 등 희한한 일들이 따르는 것을 볼 수 있습니다(행 19:11-12).

그리고 예수님께서 바람과 파도를 잔잔케 하셨던 것처럼 천기를 움직이게 됩니다(마 8:26-27). 오던 비가 멈추고 태풍의 진행 방향을 바꾸거나 소멸시키기도 하며, 쾌청하게 맑은 날에도 무지개가 나타나는 것을 볼 수 있지요.

이 외에도 우리가 하나님의 아들이라 일컬음을 받게 되면 장차 천국에서 하나님의 보좌가 있는 새 예루살렘에 들어가 참아들로서 존귀와 영광을 누리게 됩니다. 구원받을 만한 믿음을 소유했을 때에는 낙원에 이르게 되지만, 하나님의 아들로 일컬음을 받는 참된 자녀라면 가장 아름다운 천국의 처소인 새 예루살렘에 이를 수 있습니다.

왕정시대에 왕위를 계승할 왕자라면 그 영화로움이 얼마나 대단합니까. 하물며 모든 만물의 주관자가 되시는 하나님을 꼭닮아 하나님의 아들이라 일컬음을 받는다면 그 영광과 존귀함이 얼마나 대단하겠습니까. 천군 천사들의 호위와 수종을 받으며, 수많은 천국 백성들에게 세세토록 칭송받으며 살아가게 된다는 사실입니다.

뿐만 아니라 하나님의 보좌가 있는 찬란한 새 예루살렘에서 하나님께서 주신 웅장한 황금 보석 집과 온갖 아름다운 것들을 누리며 존귀와 영광 가운데 영원히 행복하게 살아갈 수 있습니다.

따라서 자신을 희생하시되 십자가에 달리사 생명까지 내어 주신 주님의 마음으로 자신의 십자가를 지고 화평케 하는 자가 되어 하나님의 크신 사랑과 축복을 받아야 하겠습니다.

8 · 여덟 번째 복 ·

의를 위하여 핍박을 받은 자는 복이 있나니

의를 위하여 핍박을 받은 자는 복이 있나니

천국이 저희 것임이라

| 마태복음 5:10 |

"예수 그리스도를 믿고 구원받으세요."

"전지전능하신 하나님을 믿으면 만사형통한 축복을 받을 수 있습니다."

복음을 전하는 사람들은 예수 그리스도를 믿으면 구원받는 것은 물론, 사업터, 일터에 하나님의 축복을 받고 각종 문제를 해결받아 만사형통한 삶을 영위할 수 있다고 말합니다.

저희 교회만 해도 매주 수많은 간증들로 하나님께 영광을 돌리고 있습니다.

그런데 성경을 보면 예수 그리스도를 믿으면 고난과 핍박이 따를 것을 알려 주시는 말씀도 있습니다. 우리가 주님을 위해 자신의 모든 것을 버린 만큼 영생의 축복과 이 땅에서도 복을 받게 되는데 핍박도 겸하여 받는다는 것입니다(빌 1:29).

"나와 및 복음을 위하여 집이나 형제나 자매나
어미나 아비나 자식이나 전토를 버린 자는
금세에 있어 집과 형제와 자매와 모친과 자식과
전토를 백 배나 받되 핍박을 겸하여 받고
내세에 영생을 받지 못할 자가 없느니라"(막 10:29-30)

의를 위하여 받는 핍박

그러면 우리가 의를 위하여 핍박을 받는다는 것은 무슨 의미일까요? 하나님의 말씀대로 살고 진리와 선과 빛을 좇아 살아갈 때 받는 핍박을 말합니다.

물론 주님을 믿는다 하면서도 신앙생활을 바르게 하지 않고 적당히 타협하면 핍박을 받지 않습니다. 그러나 디모데후서 3장 12절에 "무릇 그리스도 예수 안에서 경건하게 살고자 하는 자는 핍박을 받으리라" 말씀하신 대로 하나님의 말씀을 좇아 살아가다 보면 어려움을 당하거나 애매히 핍박을 받기도 하지요.

예를 들어, 주님을 믿지 않을 때는 술도 마시고 거친 말과 행동을 예사롭게 했지만 하나님의 은혜를 받고 나면 술도 끊고 거룩하게 살려고 합니다. 그러니 믿지 않는 동료나 친구들과 자연히 멀어지게 되고 함께 어울린다 해도 재미가 없으니 서운해하거나 듣기 거북한 말들을 하는 것입니다.

저도 하나님을 영접하기 전 술 친구들이 많았습니다. 또 일가친척들이 함께 모이면 의례히 술을 주고받았지요. 그런데 주님을 영접한 후 부흥성회를 통해 "술 취하지 말라"는 하나님의 뜻을 깨닫고 단번에 끊게 되었습니다. 집에 찾아오는 형님이나 친척, 친구들에게도 술대접을 하지 않으니 주변 사람들로부터 푸대접을 한다고 적잖은 원망을 들어야 했습니다.

이 외에도 주님을 영접하게 되면 주일을 온전히 지키기 위해 직장의 야유회나 친목 모임에 가지 못하기도 합니다. 복음화 되지 않은 가정에서는 제사상 앞에 절하지 않음으로 핍박받는 경우도 있습니다.

악을 행하는 자마다 빛을 미워하나니

그러면 왜 주님을 믿으면 고난을 받는 것일까요? 이는 물과 기름이 하나 될 수 없는 것과 같습니다. 곧 "하나님은 빛이시라" 말씀하신 대로 주님을 믿고 말씀대로 사는 것은 영적으로 빛에 속합니다(요일 1:5). 반면 우리가 사는 이 세상의 주인은 어두움의 주관자인 원수 마귀 사단입니다(엡 6:12).

따라서 빛이 비추이면 어두움이 사라지듯이 빛되신 주님을 믿는 성도들이 많아질수록 어두움의 주관자인 원수 마귀 사단의 영역이 줄어들 수밖에 없습니다. 원수 마귀 사단은 자기에게 속한 세상 사람들을 주관하여 빛에 속한 성도들을 핍박함으로 주를 믿지 못하도록 하는 것입니다.

요한복음 3장 20-21절에 "악을 행하는 자마다 빛을 미워하여 빛으로 오지 아니하나니 이는 그 행위가 드러날까 함이요 진리를 좇는 자는 빛으로 오나니 이는 그 행위가 하나님 안에서 행한 것임을 나타내려 함이라" 말씀하셨습니다.

마음이 선한 사람은 상대가 하나님의 말씀을 따라 의롭게 행하는 것을 보고 감동을 받아 복음을 받아들이기도 합니다. 반면에 악한 사람들은 이를 어리석게 여기거나 미워하여 핍박하는 것을 볼 수 있습니다.

어떤 경우는 자기의 논리대로 설득하거나 "꼭 그렇게 극성스럽게 믿어야 하느냐? 어떤 사람은 모태신앙이고 장로인데도 술을 마시더라." 하며 회유하기도 합니다. 그러나 하나님의 자녀라면 직장 상사나 동료, 일가친척, 친구들의 마음이 잠시 상한다 해서 하나님께서 싫어하시는 불의를 행할 수는 없지요.

하나님께서는 죄인되었던 우리를 위해 사랑하는 독생자까지 내어 주셨고, 예수님께서는 온갖 멸시 천대를 받으시며 우리의 죄를 대신 지고 십자가에 달려 죽으셨습니다. 이러한 사랑을 생각한다면 핍박을 받더라도 자신의 안이(安易)를 위해 결코 세상과 타협할 수 없는 것입니다.

의를 위하여 핍박을 받은 경우

주전 605년, 바벨론 왕 느부갓네살의 제 1차 침입으로 사드락과 메삭과 아벳느고는 다니엘과 함께 포로생활을 하게 되었습니다. 이들은 향락적이고 우상 숭배가 만연한 이방 문화 속에서도 오직 하나님을 경외하며 살았지요.

그러던 어느 날, 이들에게 큰 어려움이 찾아왔습니다. 왕이 금 신상을 만들어 온 백성으로 하여금 절하게 하였던 것입니다. 누구든지 왕명을 거역할 때는 즉시 활활 타오르는 풀무불에 던져지게 되었습니다. 이때 우상 앞에 한 번만 절하면 쉽게 위기를 모면할 수도 있는 상황이었지만 사드락과 메삭과 아벳느고는 끝내 절하지 않았습니다.

출애굽기 20장 4-5절에 "너를 위하여 새긴 우상을 만들지 말고 또 위로 하늘에 있는 것이나 아래로 땅에 있는 것이나 땅 아래 물 속에 있는 것의 아무 형상이든지 만들지 말며 그것들에게 절하지 말며 그것들을 섬기지 말라" 말씀하셨기 때문입니다.

결국 다니엘의 세 친구는 풀무불에 던져질 수밖에 없는 상황에 이르렀습니다. 이때 이들의 고백이 얼마나 감동적인지요.

"왕이여 우리가 섬기는 우리 하나님이
  우리를 극렬히 타는 풀무 가운데서 능히 건져 내시겠고 …
  그리 아니하실지라도 왕이여 우리가 왕의 신들을
  섬기지도 아니하고 왕의 세우신 금신상에게 절하지도

아니할 줄을 아옵소서"(단 3:17-18)

이처럼 생명의 위협 앞에서도 굴하지 않고 믿음을 지키기 위해서라면 결코 타협하지 않았던 것입니다. 하나님께서는 이들의 믿음을 보시고 극렬히 타는 풀무불에서 구원해 주셨습니다.

자신의 부족함으로 핍박을 받은 경우

여기서 한 가지 기억해야 할 것은 다니엘의 세 친구들처럼 의를 행함으로 핍박받기보다는 자신의 부족함으로 인해 핍박받는 경우가 적지 않다는 사실입니다.

가령, 하나님의 일을 한다는 이유로 자신의 위치에서 도리를 다하지 못하는 경우를 들 수 있습니다.

만일 학생이 학업에 힘쓰지 않고, 가사를 돌보아야 할 주부가 집안일은 등한시 한 채 교회 일에만 열심을 낸다면 가족들로부터 핍박받게 마련입니다. 이때 평소 공부를 게을리 하거나 가정을 돌보지 않은 것이 핍박의 요인인데 자신이 주님의 일을 함으로 핍박받는다고 잘못 생각하는 것입니다.

또한 직장에서 업무 태도가 불성실한 사람이 교회를 핑계로 자신이 할 일을 다른 사람들에게 미룸으로 지적을 받거나 책망을 받는다면 이 역시 의를 위해 핍박받는 것이라 할 수 없습니다.

그래서 베드로전서 2장 19-20절에 "애매히 고난을 받아도 하나님을 생각함으로 슬픔을 참으면 이는 아름다우나 죄가 있어 매를 맞고 참으면 무슨 칭찬이 있으리요 오직 선을 행함으로 고난을 받고 참으면 이는 하나님 앞에 아름다우니라" 말씀하신 것입니다.

의를 위해 핍박을 받은 자는 복이 있나니

마태복음 5장 10절을 보면 "의를 위하여 핍박을 받은 자는 복이 있나니" 말씀하셨는데 왜 복이 있다고 하는 것일까요? 악이나 불법으로 인해 받는 핍박은 복이나 상급이 될 수 없지만, 의를 위해 받는 핍박이 복이 되는 것은 천국을 소유할 수 있기 때문입니다.

비온 뒤에 땅이 굳어지듯 세상에서 핍박을 받게 되면 그로 인해 믿음이 더욱 굳건하여지고 더 온전한 모습으로 변화됩니다. 고난당하기 전에는 알지 못했던 마음 깊은 곳에 있는 비진리까지도 발견하여 버림으로 온유함과 화평함을 이루며 원수까지도 사랑할 수 있는 주님의 마음을 닮아갈 수 있습니다.

예전에는 오른편 뺨을 맞으면 마음이 부글부글 끓어오르고 맞서서 때려 줘야 했던 사람이 고난을 통해 섬김과 사랑을 배움으로 왼편 뺨까지 대어 줄 수 있는 사람으로 변화되지요. 또한 힘든 일이 있으면 슬퍼하고 원망하며 탄식했던 사람이 핍박을 통해 더욱 굳건한 믿음으로 성장하면 천국에 대한 소망이 가득하여 어떤 상황에서도 감사와 기쁨이 넘치는 것을 볼 수 있습니다.

일례로, 어떤 성도님은 사무실에서 일하는 동료와 사사건건 부딪치게 되었다고 합니다. 특별한 이유도 없이 자신을 싫어하며 험담하는 등 도무지 상식에 맞지 않게 행동하는 동료 때문에 많은 고통을 당해야 했지요.

평소 주변 사람들로부터 착하다는 말만 들어왔던 성도님은 이로 인해 자신의 마음에도 미움이 있다는 것을 발견하게 되었습니다. 그래서 이내 '하나님께서 원수까지도 사랑하라 하셨는데 내가 이분을 품어야 되겠다.'라고 결심한 후 평소 동료가 좋아하는 것을 눈여겨보았다가 챙겨주곤 하였습니다.

또 동료를 위해 기도하니 중심에서 사랑하는 마음이 생기게 되었고, 이후 두 사람의 관계가 어느 사람보다도 친밀해졌다고 합니다.

그래서 시편 119편 71절에 "고난당한 것이 내게 유익이라 이로 인하여 내가 주의 율례를 배우게 되었나이다" 했습니다.

고난을 통해 더 낮아지고 오직 주님을 의지하는 가운데 죄악들을 벗어 버리며 성결되어 가면 주변의 핍박도 사라지게 되는 것이지요.

이처럼 의를 위하여 핍박을 받으면 믿음이 장성하여 주변 사람들의 존중을 받고 하나님께서 주시는 영육간에 축복들을 크게 받아 나갈 수 있습니다. 뿐만 아니라 의를 이룬 만큼 더 좋은 천국을 침노할 수 있으니 얼마나 큰 축복입니까.

의를 위하여 핍박을 받은 만큼 달라지는 천국의 처소와 영광

그러면 첫 번째 복인 심령이 가난한 사람이 소유하는 천국과, 여덟 번째 복인 의를 위하여 핍박을 받은 사람이 소유하는 천국은 어떤 차이가 있는 것일까요? 사실은 큰 차이가 있습니다.

전자는 구원받은 사람이라면 누구나 갈 수 있는 포괄적인 의미의 천국이라면, 후자는 각 사람이 의를 행함으로 핍박을 받은 만큼 더 좋은 천국의 처소에 들어가는 것을 의미합니다. 우리가 얼마큼 마음의 성결을 이루어 하나님께서 원하시는 참자녀의 모습으로 나왔고, 얼마나 사명을 잘 감당했느냐에 따라 천국의 처소와 상급이 달라지기 때문이지요.

요한복음 14장 2절을 보면 예수님께서 "내 아버지 집에 거할 곳이 많도다 그렇지 않으면 너희에게 일렀으리라 내가 너희를 위하여 처소를 예비하러 가노니" 말씀하셨습니다.

또한 고린도전서 15장 41절에는 "해의 영광도 다르며 달의 영광도 다르며 별의 영광도 다른데 별과 별의 영광이 다르도다" 말씀하셨으니 하나님 보시기에 의인이 된 만큼 천국에서 누리는 처소와 영광이 각각 달라진다는 것을 알 수 있습니다.

심령이 가난한 사람은 주님을 영접하고 천국에 들어갈 자격을 얻은 것에 불과합니다. 이후 애통함으로 죄를 회개하고 마음의 악들을 벗어 나감으로 온유한 사람이 되고 마음의 청결을 이루는 등 계속 의를 좇아 행하는 가운데 믿음이 성장해야 합니다. 곧 핍박과 연단을 통해 자신의 악을 깨달아 버림으로 성결된 사람이라야 천국에서도 더 좋은 처소에 들어가 아버지 하나님을 뵈올 수 있습니다.

주를 위해 받은 핍박

우리가 의를 이루는 만큼 핍박은 사라지고, 믿음이 장성하여 온전해질수록 주변 사람들의 존중을 받게 됩니다. 나아가 하나님께서 주시는 영육간의 축복까지 받아 나가게 되지요.

앞서 말씀드린 다니엘의 세 친구들을 보아도 알 수가 있습니다. 그들은 하나님께 대한 의를 굳게 지킴으로 핍박을 받아 평소보다 칠 배나 더 뜨거운 풀무불에 던져졌지만 하나님께서 지켜 주심으로 머리카락 하나도 그슬리지 않았습니다.

이러한 하나님의 역사를 보고 왕은 전지전능하신 하나님께 영광을 돌렸을 뿐 아니라 이들을 이전보다 높여 주었던 것을 볼 수 있습니다(단 3:28-30).

그러나 우리가 하나님의 말씀대로 행함으로 의를 온전히 이루었다 해도 모든 핍박이 다 사라지는 것이 아닙니다. '주를 위해 받는 핍박' 곧 하나님의 나라를 위해 일꾼된 사람들이 받는 핍박이 있는 것입니다.

> "나를 인하여 너희를 욕하고 핍박하고
> 거짓으로 너희를 거스려 모든 악한 말을 할 때에는
> 너희에게 복이 있나니 기뻐하고 즐거워하라
> 하늘에서 너희의 상이 큼이라
> 너희 전에 있던 선지자들을 이같이 핍박하였느니라"
>
> (마 5:11-12)

예로부터 수많은 믿음의 선진들은 하나님의 뜻을 이루기 위해 기꺼이 고난을 받았습니다. 누구보다도 근본 하나님의 본체 되시는 예수님께서는 흠도 티도 없는 분이셨지만 죄인들의 형벌을 친히 당하셔야 했습니다. 구원의 섭리를 이루시기 위해 채찍에 맞으시고 온갖 조롱과 멸시 가운데 십자가에 못 박혀 죽으셨지요.

사도 바울의 경우

이방인에게 복음을 전하며 세계 선교의 기틀을 확립한 사도 바울의 경우는 어떠하였습니까? 사도 바울은 3차에 걸친 전도여행을 통해 곳곳에 많은 교회를 세워 나갔습니다. 그러나 이 일을 수행하기까지는 결코 평탄하지 않았습니다. 이는 그의 고백을 통해서도 잘 알 수 있지요.

"내가 수고를 넘치도록 하고 옥에 갇히기도 더 많이 하고
   매도 수없이 맞고 여러 번 죽을 뻔하였으니
   유대인들에게 사십에 하나 감한 매를 다섯 번 맞았으며
   세 번 태장으로 맞고 한번 돌로 맞고
   세 번 파선하는 데 일주야를 깊음에서 지냈으며 …
   여러 번 굶고 춥고 헐벗었노라"(고후 11:23-27)

사도 바울을 죽이기 전에는 먹지도 마시지도 않겠다고 맹

세한 사람들까지 있을 정도였으니 그의 고난이 얼마나 심했는지 짐작할 수 있습니다(행 23:12). 하지만 사도 바울은 어떠한 핍박이 온다 할지라도 천국의 소망이 있기에 기뻐하고 감사하였습니다(빌 2:17). 자신의 목숨을 아끼지 않고 오직 하나님의 나라와 의를 이루기 위해 죽기까지 충성하였던 것입니다(딤후 4:7-8).

하나님의 사람들이 고난당하는 것은 힘이 없어서가 아닙니다. 만일 십자가에 달리신 예수님께서 원하기만 하셨다면 능히 열두 영이 더 되는 천사들을 불러 악한 사람들을 멸하실 권세가 있으셨습니다(마 26:53).

모세나 사도 바울도 뭇 사람들에게 신이라 추앙받을 정도로 권능이 대단했지요(출 7:1, 행 14:8-11). 심지어 사도 바울의 몸에서 손수건이나 앞치마를 가져다가 병든 사람에게 얹으면 병이 떠나고 악귀도 나갔습니다(행 19:12).

그러나 이들은 하나님의 뜻 가운데 자신이 핍박받음으로 오히려 하나님의 섭리가 크게 이루어지는 것을 알았기에 핍박을 막거나 피하려 하지 않고 기쁨으로 받았던 것입니다. 중심에 불붙는 듯한 뜨거운 마음으로 하나님의 뜻을 외쳤고 하나님의 명하신 바를 행했던 것이지요.

기뻐하고 즐거워할 때 주어지는 하늘의 큰 상

이처럼 주님의 이름으로 핍박을 받을 때에 오히려 기뻐하고 즐거워할 수 있는 까닭은 하나님께서 주시는 하늘의 상이 크기 때문입니다(마 5:11-12).

옛 충신들 가운데는 나라가 위기에 처했을 때 왕을 대신하여 죽음의 위협을 무릅쓴 사람들도 있었습니다. 생명을 다하기까지 충성한 것에 감사하여 왕은 그 신하에게 존귀와 영광을 크게 더하는 것은 물론, 당사자가 죽음을 맞이했을 때에는 그 후손들에게라도 영화로운 상을 베풀어 주었습니다.

요한복음 15장 13절에 "사람이 친구를 위하여 자기 목숨을 버리면 이에서 더 큰 사랑이 없나니" 말씀하신 대로 자신의 목숨을 버림으로 왕에 대한 사랑과 충절을 증거했던 것입니다.

하물며 우리가 주를 위해 핍박과 고난을 받고 생명까지 드린다면 천하 만물의 주인되신 하나님께서 어찌 그냥 계시겠습니까? 상상조차 하지 못할 하늘의 축복으로 부어 주시는 것입니다.

그래서 천국의 처소에 있어서도 다른 사람들보다 더 큰 은혜가 임하게 됩니다. 주님을 위해 순교한 사람들은 이미 주님을 사랑하는 중심을 인정받게 되므로 3천층 이상 새 예루살렘에 들어가게 되는 것입니다. 아직 온전히 성결되지 못한 사람이라 해도 주님을 위해 생명을 드려 순교할 수 있는 사람은 시간이 더 주어진다면 죄를 싸워 버림으로 온전히 성결될 수 있기 때문입니다.

주님을 위해 많은 고난을 받고 생명까지 드리며 순교하였던 사도 바울은 하나님과 밝히 교통하며 하늘의 신령한 것을 많이 체험할 수 있었습니다. 낙원을 본 후 그 아름다움과 영화로움이 얼마나 대단했던지 "현재의 고난은 장차 우리에게 나타날 영광과 족히 비교할 수 없도다"(롬 8:18) 고백하였던 것입니다.

또한 디모데후서 4장 7-8절에서는 "내가 선한 싸움을 싸우고 나의 달려갈 길을 마치고 믿음을 지켰으니 이제 후로는 나를 위하여 의의 면류관이 예비되었으므로 주 곧 의로우신 재판장이 그 날에 내게 주실 것이니"라고 담대히 말할 수 있었던 것입니다.

이처럼 하나님께서는 주님을 위해 핍박받고 순교하기까지 했던 사람들의 충성과 수고를 하나도 잊지 않으시고 넘치는 영광과 상급으로 갚아 주신다는 사실입니다. 사도 바울이 고백한 대로 의의 면류관을 비롯한 각종 면류관과 황금보석집 등 우리가 상상하지 못할 놀라운 상급과 영광이 기다리고 있는 것입니다.

설령 육의 생명을 잃지 않았다 해도 범사에 순교의 중심으로 주를 위해 행하며 핍박받은 모든 것들이 하나하나 상급과 축복으로 주어지는 것이지요.

또한 주를 위해 애매히 고난을 받고도 오히려 기뻐하고 감사하는 사람에게는 평소 마음에 소원했던 것이나 필요한 것을 채워 주심으로 하나님께서 함께하시는 증거를 보여 주십니다. 고난을 이겨 내는 만큼 믿음이 더욱 커져 능력과 권세가 임하며 하나님과 밝히 교통하고 점점 더 큰 권능도 나타나게 됩니다.

그러나 주를 위해 자신의 생명도 아끼지 않은 사람이라면 설령 이 땅에서 아무런 위로가 없다 해도 아무 상관이 없습니다. 이후에 받게 될 하늘의 축복과 상급에는 비할 수 없으므로 오히려 더욱 기뻐할 수 있는 것입니다.

주를 위한 고난에 동참한 사람들이 받는 축복

여기서 한 가지 더 기억해야 할 것은 하나님의 사람이 주를 위해 핍박받을 때 그와 함께한 사람들에게도 복이 임한다는 사실입니다.

다윗이 하나님 앞에 행한 범죄의 보응으로 아들 압살롬에게 쫓길 때에도 진실한 사람은 다윗이 하나님의 사람인 것을 알았기에 생명의 위협 속에서도 함께했던 것을 볼 수 있습니다. 결국 이들은 다윗이 하나님의 은총을 회복하였을 때 그 은총을 함께 입을 수 있었지요.

하물며 하나님의 사람이 주의 이름으로 고난받을 때 진실한 마음으로 함께한 사람은 그 영광에도 동참하게 하시는 것이 공의로우신 하나님의 뜻입니다. 예수님께서도 고난을 함께한 제자들을 향해 장차 받게 될 하늘나라의 상급을 알려 주심으로 더욱 소망을 심어 주셨습니다.

"너희는 나의 모든 시험 중에 항상 나와 함께한 자들인즉 …
너희로 내 나라에 있어 내 상에서 먹고 마시며
또는 보좌에 앉아 이스라엘 열두 지파를
다스리게 하려 하노라"(눅 22:28-30)

저와 본교회 역시 하나님의 일들을 이룸에 있어 많은 핍박을 받아야 했습니다. 하나님의 뜻임을 알았기에 핍박받을 줄 알면서도 천국과 지옥, 천사 등 깊은 영의 세계에 대해 선포했던 것입니다.

사람의 힘으로는 감당하기 힘든 시험들을 겪으면서 오직 기도와 금식으로 하나님께 맡겨 드렸지요. 이에 하나님께서는 함께하시는 증거로 권능을 크게 더하셨고, 수많은 기사와 표적을 행하게 하셨습니다. 각색 질병들이 치료됨은 물론, 소아마비나 시각 장애, 청각 장애 등 퇴화되거나 선천적으로 연약한 부분들도 온전케 되었습니다.

뿐만 아니라 많은 해외 연합대성회를 통해 한 번에 수십만, 수백만 명에 이르는 영혼들을 주님께로 인도할 수 있었습니다. 세계적인 뉴스 전문 채널인 미국의 CNN을 비롯하여 세계의 주목을 받게 하셨지요.

또한 2005년 GCN(세계 기독방송 네트워크)방송을 개국하면서 기독교방송으로는 처음으로 뉴욕과 뉴저지 인근에 공중파로 방송을 하게 되었습니다. 이이 개국 1년 만에 위성을 통해 지구촌 어디에서나 시청할 수 있도록 축복해 주셨습니다.

특히, 2006년 7월 뉴욕 매디슨 스퀘어 가든에서 연합대성회를 이룰 때에는 GCN방송을 비롯하여 코스모비전, 글로리스타, 데이스타 기독 위성방송 네트워크를 통해 전 세계 200여 개국에 전파될 수 있도록 역사하셨습니다.

이러한 영광 뒤에는 많은 성도들의 눈물의 간구가 있었습니다. 대부분의 성도들이 교회가 어려움을 당할 때에 함께 기도하고 금식하며 교회를 지켰던 것입니다.

이렇게 주님을 위해 고난을 함께한 성도들은 하나님께 대한 사랑과 천국 소망이 넘치며 강하고 담대한 영적 믿음으로 성장한 것을 볼 수 있습니다. 또한 모든 것이 자신의 축복으로 직접 연결되어 가정, 일터, 사업터의 수많은 축복의 간증들로 하나님께 영광을 돌렸습니다.

그러므로 참된 복을 좇는 사람들은 주님을 위해 핍박을 받을 때마다 장차 천국에서 받게 될 영원한 상급을 바라봄으로 중심에서 기뻐하고 즐거워할 수 있다는 사실입니다.

참된 복을 좇는 자

지금까지 팔복의 말씀을 통해 증거한 대로 하나님께서 말씀하시는 복은 세상 사람들이 생각하는 복과는 전혀 다릅니다.

대다수 사람들은 부유한 것을 복이라 하는데 하나님께서는 심령이 가난한 자가 복이 있다고 하셨습니다. 늘 기쁘고 행복한 것을 복이라 여기는데 하나님께서는 애통하는 것이 복이라 하십니다. 의에 주리고 목마른 것, 온유한 것 … 의를 위하여 핍박을 받는 것이 복이라고 하셨지요.

팔복의 말씀 안에는 이처럼 심령이 가난하여 천국을 소유할 수 있고 의를 위해 핍박받음으로 하나님의 마음을 닮아가는 참되고 복된 길이 모두 담겨 있습니다.

따라서 말씀에 순종해 나가기만 하면 악은 모양이라도 버려지고 마음이 진리로 채워지게 됩니다. 온유하고 거룩하신 하나님의 형상을 온전히 회복하여 하나님을 기쁘시게 하는 믿음의 사람 곧 온 영의 사람이 되는 것입니다.

이러한 사람은 마치 물가에 심겨진 나무와 같습니다. 물가에 깊이 뿌리를 내린 나무는 항상 시원한 물을 풍족하게 공급받음으로 더위나 오랜 가뭄에도 푸른 잎이 우거지고 풍성한 열매를 맺습니다(렘 17:7-8).

모든 복의 근원이 되시는 하나님의 말씀 안에 살아가는 성도들은 이떠한 어려움에도 두려울 것이 없으며 늘 하나님의 사랑과 축복의 손길을 체험하는 것입니다.

그러므로 장차 우리에게 나타날 영광을 소망하며 부지런히 팔복의 말씀을 이룸으로 땅에서나 하늘에서나 아버지 하나님께서 주시는 참된 복을 마음껏 받아 누리시기를 주님의 이름으로 축원합니다.

> **"**
>
> 복 있는 사람은
> 악인의 꾀를 좇지 아니하며
> 죄인의 길에 서지 아니하며
> 오만한 자의 자리에 앉지 아니하고
> 오직 여호와의 율법을 즐거워하여
> 그 율법을 주야로 묵상하는 자로다
>
> 저는 시냇가에 심은 나무가
> 시절을 좇아 과실을 맺으며
> 그 잎사귀가 마르지 아니함 같으니
> 그 행사가 다 형통하리로다
> (시 1:1-3)
>
> **"**

전 세계 영혼을 깨우는
이재록 목사 저서 안내

URIMBOOKS
www.urimbooks.com

이 같은 것을 금지할 법이 없느니라

새 예루살렘으로 인도하는 성령의 열매

하나님의 마음을 얼마나 닮았는지 점검하는 척도가 되며,
신앙 여정의 이정표와 같은 성령의 아홉 가지 열매에 대해
감동적으로 전한다.

젖과 꿀이 흐르는 땅　가나안 정복사

수천 년의 시간을 뛰어넘어 바라다본 이스라엘 역사를 통해
우리가 간과하기 쉬운 미세한 일들이
삶에 얼마나 큰 반향을 일으키는지
마음 깊이 깨닫게 하는 감동의 메시지!

깨어라! 이스라엘

마지막 때 숨겨진 하나님의 사랑과 비밀

간절히 메시아를 기다려 왔던 모든 유대인들에게
하나님의 사랑을 깨닫게 하며,
마지막 때를 살아가는 온 인류에게 전하는 경고의 메시지!

일곱교회　모든 교회를 깨우시는 주님의 메시지

교회의 참 모습을 찾으시는 주님의 간절한 외침,
일곱 별의 비밀은 무엇인가?
주님께서 진정 기뻐하시는 교회는 어떤 교회인가?

나의 삶 나의 신앙 1, 2

지금도 성경의 기적이 계속되고 있다.
왜 믿음으로 기도받는 이마다 치유되고 살아나는가?
멈추지 않는 성령의 역사, 그 비밀의 열쇠는 무엇인가?

● **전자책(e-book) 구입안내** : 한국어 및 외국어 번역 도서 – 인터넷 교보, 리디북스 등 전자책 서점
아마존닷컴(amazon.com), Google Play, iBookstore
블로그 blog.naver.com/urbooks, 페이스북 facebook.com/urbooks17

주요 번/역/서

신앙 간증 수기 I

죽음 앞에서 영생을 맛보며

16개 언어로 출간

사망의 음침한 늪에서 하루아침에 다시 태어난
이재록 목사의 생생한 간증 수기

십자가의 도 전 세계인의 필독서

60개 언어로 출간

전 세계 무수한 영혼을 영적인 잠에서 깨우고
참 생명을 얻게 해준 감동의 메시지!
하나님의 참사랑이 이곳에 담겨 있다.

천 국(상) 수정같이 맑고 아름다운 곳

36개 언어로 출간

하나님의 영광 가운데 영원히 행복과 영화를 누릴
황홀한 천국 생활에 대해 생생하게 묘사한 그림 같은 메시지

천 국(하) 하나님의 영광이 드리운 곳

31개 언어로 출간

황홀한 황금보석 집에서 천사들의 수종을 받으며
세세토록 왕 노릇 하는 새 예루살렘,
그곳에서의 일들이 궁금하지 않으십니까?

지 옥 이제까지 밝혀지지 않았던 지옥의 참상

39개 언어로 출간

한 영혼도 지옥에 떨어지지 않기를 원하시는 하나님께서
온 인류에게 보내는 간절한 사랑의 메시지

믿음의 분량 믿음의 단계별 지침서

31개 언어로 출간

각 사람의 믿음에 따라 천국에서는 어떤 처소와 상급을 받을까?
현재 자신의 믿음의 분량을 측정해 볼 수 있게 하며,
믿음의 선진들처럼 최고의 분량에 이르는 길을
구체적으로 제시하고 있다.

치료하는 여호와 치료편

33개 언어로 출간

성경은 질병에 걸리지 않고 건강하게 살아가는 길,
상한 마음과 질병으로 인한 육체적 고통까지 다 치료하시는
능력의 하나님을 만나도록 이끌어줄 것이다.

깨어라! 이스라엘

마지막 때 숨겨진 하나님의 사랑과 비밀

16개 언어로 출간

간절히 메시아를 기다려 온 모든 유대인에게
하나님의 사랑을 깨닫게 하며,
마지막 때를 살아가는 온 인류에게 전하는 경고의 메시지!

참된 복을 좇는 자

초판 1쇄 발행 2013년 12월 25일

지은이　이재록
발행인　빈성남
편집인　빈금선

발행처　우림북
영업부　02-837-7632, 070-8240-2072
팩　스　02-869-1537

등록번호　164-11-01027

값 5,000원

ISBN 978-89-7557-874-8 02230

우림

우림은 구약 시대에 대제사장이 하나님의 뜻을 묻기 위해 사용하던 판결 흉패이며,
히브리어로 '빛'이라는 의미가 있습니다(출애굽기 28:30).
빛은, 곧 하나님 말씀이며 생명입니다.
우림북은 온 누리에 참 빛을 비추고자 오늘도 기도와 정성으로 문서선교 사역에 앞장서고 있습니다.